《客家文化丛书》编委会名单

主　编　邱国锋　曾令存

编　委　韩小林　房学嘉　温昌衍　肖文评　罗迎新

　　　　魏明枢　宋德剑　林爱芳　李　君　杜光宁

岭南文化书系
客家文化丛书

客家山水

罗迎新　邱国锋　编著

暨南大学出版社
JINAN UNIVERSITY PRESS

中国·广州

图书在版编目（CIP）数据

客家山水/罗迎新，邱国锋编著．—广州：暨南大学出版社，2015.7
（岭南文化书系·客家文化丛书）
ISBN 978 - 7 - 5668 - 1486 - 9

Ⅰ.①客… Ⅱ.①罗… ②邱… Ⅲ.①梅州市—概况 Ⅳ.①K926.53

中国版本图书馆 CIP 数据核字（2015）第 136184 号

出版发行：暨南大学出版社

出 版 人：徐义雄
责任编辑：张学颖
责任校对：杨柳婷

地　　址：中国广州暨南大学
电　　话：总编室（8620）85221601
　　　　　营销部（8620）85225284　85228291　85228292（邮购）
传　　真：（8620）85221583（办公室）　85223774（营销部）
邮　　编：510630
网　　址：http：//www.jnupress.com　http：//press.jnu.edu.cn

排　　版：广州市天河星辰文化发展部照排中心
印　　刷：深圳市新联美术印刷有限公司

开　　本：787mm×1092mm　1/16
印　　张：8.75
字　　数：139 千
版　　次：2015 年 7 月第 1 版
印　　次：2015 年 7 月第 1 次

定　　价：40.00 元

（本书所涉个别图片，如属个人版权，见书后请函告出版社，以便支付薄酬）

岭南文化书系·前言

　　五岭以南，素称岭南，岭南文化即岭南地区的人民千百年来形成的具有鲜明特色和绵长传统的地域文化，是中华文化的重要组成部分。由于偏处一隅，岭南文化在秦汉以前基本上处于自我发展的阶段，秦汉以后与中原文化的交流日益频繁。明清以至近代，域外文化不断传入，西学东渐，岭南已经成为传播和弘扬东西方文明的开路先锋，涌现出了如陈白沙、梁廷枏、黄遵宪、康有为、梁启超、孙中山等一大批时代的佼佼者。在 20 世纪 70 年代末开始的改革开放的浪潮中，岭南再一次成为试验田和桥头堡，在全国独领风骚。

　　在漫长的发展过程中，岭南文化形成了兼容、务实、开放、创新等诸多特征，为古老的中华文化的丰富和重构提供了多样态的个性元素和充沛的生命能量。就地域而言，岭南文化大体分为广东文化、桂系文化、海南文化三大板块，而以属于广东文化的广府文化、潮汕文化、客家文化为核心和主体。为了响应广东省委、省政府建设文化大省的号召，总结岭南文化的优良传统，促进岭南文化研究和传播的繁荣，在广东省委宣传部的指导和大力支持下，暨南大学出版社组织省内高等院校和科研机构的专家学者编写了这套《岭南文化书系》，该书系由《广府文化丛书》、《潮汕文化丛书》及《客家文化丛书》三大丛书共 30 种读本组成，历史胜迹、民居建筑、地方先贤、方言词曲、工艺美术、饮食风尚无所不有，试图从地域分类的角度完整展现岭南文化的风貌和精髓。在编写过程中，我们力图做到阐述对象的个性与共性相统一，学术性与通俗性相结合，图文并茂，雅俗共赏。我们希望这 30 种图书能够成为介绍和宣传岭南文化的名片，为岭南经济和文化建设的再次腾飞提供可资借鉴的精神资源。

　　需要说明的是，本书系曾获批为 2009 年度"广东省文化产业发展专项资金"资助项目，在项目申报和丛书编写过程中，广东省委宣传部的领导多次给予指导，并提出了许多宝贵的意见；中山大学、华南理工大学、华南师范大学、广州大学、韩山师范学院、佛山科学技术学院、韶关学院、嘉应学院以及暨南大学的有关领导和专家学者也给予了大力支持和帮助，在此我们一并致以诚挚的谢意！

《岭南文化书系》编委会

2011 年 6 月 18 日

客家文化丛书·序

　　在岭南三大民系中，"客家"被称为汉民族中的"吉普赛"。晚清诗人黄遵宪对此曾作过诗意表达："筚路桃弧辗转迁，南来远过一千年。"在岭南，相对于位居邻海平原的潮汕民系、坐拥肥沃三角洲的广府民系，客家民系就没那么得天独厚了，它们大都盘踞在山区丘陵乃至层峦叠嶂之中，所谓"逢山必有客，无客不住山"。而从民系的历史文化与语言风俗看，客家民系也与它们明显不同。客家学界有"大中华，小客家"的说法，其中强调的是作为民系及其历史和文化的客家与华夏民族及其文明的传承关系。诚如黄遵宪所吟诵的："方言足证中原韵，礼俗犹存三代前。"

　　近三十年来，由于各种原因，在中国内地曾经一度沉寂的"客家"不断受到热捧，并涌现出大量的文章著作。但是，由于各自著述的动机与立场不一，加之学风机巧浮躁，致使本来对"客家"有些陌生的外界因此更加模糊。这种情形，一方面说明丛书编撰的重要性与迫切性，另一方面也为我们的工作增加了一定的难度。基于这一背景，为了保证丛书的质量，我们组织了一批不乏高度与视野，同时又对各自负责的选题有一定积累和研究，且能够充分体现嘉应学院在客家研究领域的水平与影响的作者阵容。对于丛书选题的提炼，则在避免每个选题之间简单重复与拼凑的同时，更多地考虑这些选题之间的内在关联及其对客家历史人文整体风貌的不同侧面展示，尽量覆盖客家的语言风俗、文化教育、山水自然、村落民居、饮食习俗、民间文艺、侨人侨商、足球体技等物质文化与非物质文化领域，并注意在内容展开过程中引带出能够体现客家历史人文内涵的标志性人物、事件和物象。同时，考虑到丛书的阅读对象与传播影响，在编撰风格上，我们力求雅俗共赏，介绍性文字简洁、通俗但不失生动，延展提升性文字具有一定的内涵。

丛书的出版，除了要感谢各选题作者付出的辛勤劳动，嘉应学院科研处、文学院（客家学院）、客家研究院等单位的关心和支持外，还要感谢广东省社会科学界联合会林有能副主席、暨南大学出版社徐义雄社长的理解和信任，特别是出版社史小军总编辑、李艺主任在编撰过程中提出的宝贵意见和建议。

邱国锋　曾令存
2015 年 5 月 30 日于梅州

目　录

岭南文化书系

客家山水

一 梅州独特的山水环境

梅州市在广东省的东北部，地理位置优越，地处粤、闽、赣三省交会的山区地带。客家先民，原是中原一带的汉人。从西晋年间起，黄河流域及长江北岸的汉族人民，因避战乱、外患和灾荒不断南迁，经闽西、赣南来到粤东北一带，前后达 1000 多年，成为客家先民。客家先民面对当时的水源之争、土地之争、民族矛盾、匪患不断等社会问题以及复杂、特殊的山地丘陵与野兽侵扰的自然环境，披荆斩棘，扎根于山。客家先民善于处理天时、地利与人和的关系，一方面，妥善处理好与畲、瑶两族的关系，以致后来客家先民人数超过了当地畲、瑶主户人数，并逐步同化畲、瑶两族；另一方面，对山水有独特的情结，处理好人地关系，尊重自然环境，合理开发利用自然资源，并与自然环境融为一体，走出了一条社会经济与自然环境相和谐的可持续发展之路。

（一）地理位置：叶帅故里 世界客都

梅州市位于东经 115°18′~116°56′，北纬 23°23′~24°56′之间。北回归线穿过五华县南端，地处中、南亚热带过渡地带，东西宽约 167千米，南北长约 172 千米。东北与福建省的武平、上杭、永定相接，北与江西省的寻乌县毗邻，西与河源市的龙川、紫金两县相连，南与汕尾市、潮州市接壤。梅州市的地理位置优越，是粤、闽、赣三省交会要冲，又是汕头、深圳、广州连接闽西、赣南内陆腹地的中间地带。梅州市土地总面积 15835 平方千米，总人口 524.96 万（2013 年）。

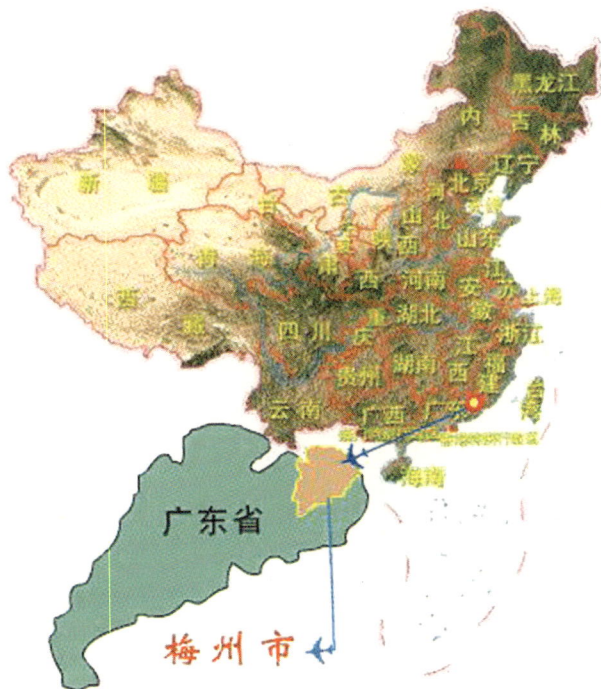

梅州市地理位置示意图

梅州是叶剑英元帅的故乡。1955年，叶剑英被授予中华人民共和国元帅军衔。叶剑英元帅的一生历经旧民主主义革命、新民主主义革命、社会主义革命和建设三个历史时期。他追求真理、服从真理、坚持真理，具有崇高的品德和优良的作风，留给我们宝贵的精神财富，永远值得我们敬佩和学习。

梅州被誉为"世界客都"，因为梅州市是客家人比较集中的落脚点、聚居地与扩散地；梅州市是反映客家语言文化、居住文化、服饰文化、饮食文化、教育文化、体育文化、风俗文化、娱乐文化、贤人文化、宗亲文化、社团文化、信仰文化等的主要区域载体，是现代客家人继承客家精神和弘扬客家传统文化的最佳区域平台；梅州不仅是客家人的人文中心和客家文化的重要传播中心，而且是以弘扬华夏民族精神为内容的爱国主义思想教育宣传展示基地；梅州的客家语言就是客家的标准语言，梅州客家话被认为是客家话的"正宗"。

（二）悠久历史：五千年人类活动史

梅州市开发历史悠久，远在新石器时代就有人类在这里居住。20

世纪 50 年代以来，省、市考古工作者，在全市各县、市、区发现有西周时期的古窑址、战国时期的编钟及新石器遗址，出土了一批新石器时代的生产工具和生活用品。这些事实证明：早在原始社会后期、奴隶社会前期，梅州地区就有人类在生活了，距今至少有五千年的人类社会历史。

战国时期编钟

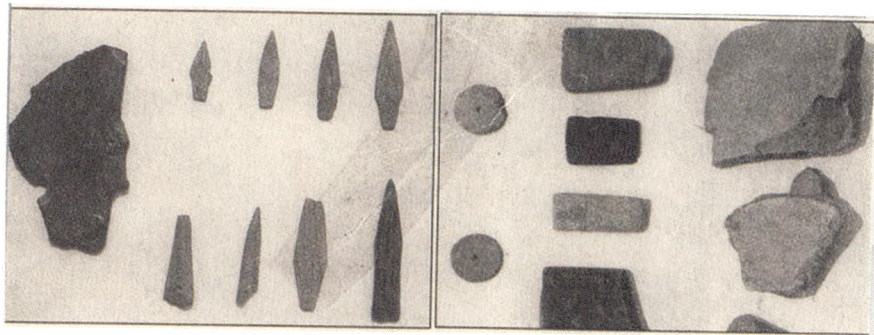

新石器时代兵器与生产工具

　　客家先民，原是中原一带的汉人。从西晋年间起，特别是五代时期，黄河流域及长江北岸的汉族人民，因避战乱、外患和灾荒不断南迁，经闽西、赣南来到粤东一带。当时居住梅州地区的土著，多属畲、瑶两族，新迁来的汉人，租种当地人的田地，那时官方有两种户籍册，当地人称主户，新迁来的汉人称客户，久而久之，就习惯称客人，后称"客家人"。至北宋嘉祐年间（1056—1063），客户人数已超过了当地畲、瑶主户人数；至南宋建炎二年（1128），主户渐为客户所同化。明末以后，梅州成为客家人向外迁移的集散中心。故而有人说客家孕育于赣州，发展于汀州，壮大于梅州。海外客家人视梅州为现代客家

文化的中心，是客家人的"大本营"。同时梅州客家话保存了大量的古音古义，也被认为是客家话的"正宗"。

梅州市在秦以前被称作南越，被视为"蛮夷之邦，化外之地"，属陆梁所辖。秦以后，秦始皇派赵佗开发南越，建置行政管理机构，设桂林郡、象郡、南海郡。梅州市初属南海郡，此后，由于经济的不断发展和人口的继续增加等原因，建置多有变化。东晋以后，兴宁县、义招县（今大埔县）、程乡县（今梅县区）等先后建置。至五代十国时期的南汉乾和三年（945），程乡县升格为敬州。宋太祖开宝四年（971）改敬州为梅州，梅州只管程乡县。在此州县合一时期，全境面积比今之梅县区大一倍左右，包括现在的梅县区、梅江区及蕉岭县全部、平远县大部分、丰顺县一小部分地方。明洪武二年（1369），程乡隶属潮州府。清雍正十一年（1733），程乡县升为嘉应直隶州。清嘉庆十二年（1807），嘉应州升为嘉应府，五年后又降为州。

清宣统三年（1911），辛亥革命推翻清朝统治后，州人成立议会，将嘉应州复名梅州。民国元年（1912），废除州府制，梅州改为梅县。

新中国成立后，设立兴梅专区，专署设在梅城，辖梅县、兴宁、五华、大埔、丰顺、平远、蕉岭七县。1952年，兴梅、潮州两专区及东江大部分地区合并为粤东区。1956年，粤东区撤销，设立汕头专区。1965年7月，汕头专区将原兴梅专区分出设立梅县专区（后称梅县地区）。1979年初，将梅县的梅州镇改设梅州市，为行署所在地。1983年，梅县与梅州市合并，合并后先称梅州市，后易名为梅县市。1988年3月，梅县地区改为梅州市，实行市管县体制，把梅县市分为梅县和梅江区。1994年12月，兴宁县改为兴宁市。2013年，梅县改为梅县区。梅州市现辖梅江区、梅县区、兴宁市、五华县、大埔县、平远县、蕉岭县、丰顺县五县一市二区。

（三）地貌形态：八山一水一分田

梅州市属两广山地丘陵的一部分，地势大致北高南低，山川众多，山峦起伏，形态万千，地形复杂，有山地、丘陵、盆地、台地等，且以山地、丘陵为主，素有"八山一水一分田"之称，其特点表现为：

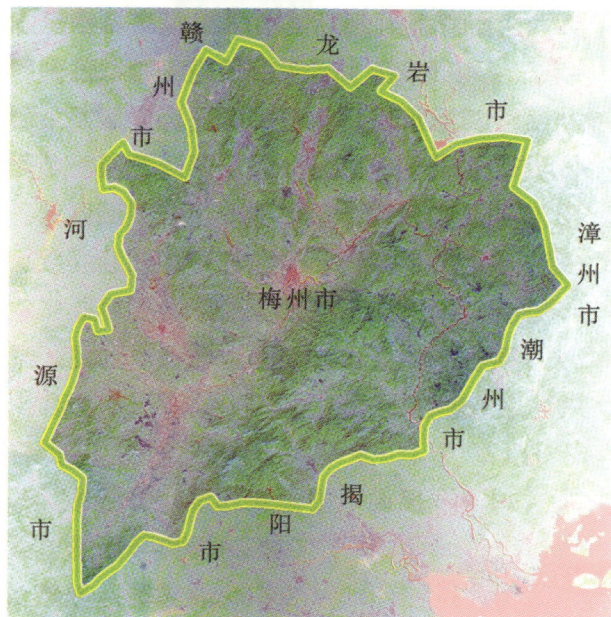

梅州市山水影像图

（1）岭谷相间　地势南倾

　　梅州地处闽、赣、粤三省交界处，是五岭以南的丘陵地区，全区85%左右的面积为海拔500米以下的丘陵地区，地势大致为北高南低，山脉大体呈东北—西南走向，从西北向东南排列。主要山脉有：西北为项山山脉，它是福建武夷山脉的延伸部分，向西南可遥接博罗境内的罗浮山脉。主峰为项山甑（在平远与江西寻乌交界处），海拔1530米，为梅州市第二高峰。中间是一座雄奇峭立的阴那山脉。它东北起于大埔、梅县区，经明山嶂、北山嶂、九龙峰、八乡山、鸿图嶂至五华与陆丰的香炉山，绵亘160多千米。其中高逾千米的山峰共19座，五指峰海拔1297米，最高峰则为梅县区、大埔县、丰顺三县交界处的铜鼓嶂，海拔1559米，为梅州市第一高峰。阴那山经八乡山向西南延伸止于大亚湾口，共300多千米，统称为莲花山脉（在构造上可与福建戴云山脉相连），成为粤东的脊梁。东南面有凤凰山脉，它沿大埔、饶平、丰顺、潮州等市、县的交界处延伸，主要山峰有西岩山（海拔1230米）、凤凰山（海拔1497米）、释迦崬（海拔1285米）。此外，还有近乎于南北走向的山地，它们是铁山嶂山地、蕉平山地和七目嶂山地。

由于受地层岩性构造制约，山地展布方向与地层构造一致，山地之间的谷地也大致呈东北—西南走向。山脉、谷地（山间盆地）相间，而又具有盆地地形的特点，这样的地形、地势对气候有很大的影响。中部地区，冬季易受北方寒流的侵扰，夏季却难以受台风侵袭而造成大范围的风害，地面年平均风速为 0.9 米/秒，是全省年平均风速最小的地区之一。同时，对东南季风有明显阻滞作用。这种地形有利于农林业，尤其是经济作物的种植。山地丘陵是发展林业、开发山区经济的主要地区。但是，由于山地坡陡、道路崎岖、河流狭窄、滩多水急，不利于陆运、航运，交通不便。

梅州市山河分布图

（2）山地丘陵广布　农田碎细分散

梅州市素有"八山一水一分田"之称，山地、丘陵为主体，面积为 122.5 万公顷，占全市总面积的 77.5%。另外，耕地占 8.9%，城镇、村庄、道路、特殊用地占 6.1%，河塘、水库占 7.5%。按海拔高

度分：100 米以下台阶地占 3.5%，100～200 米低丘陵地占 36.8%，200～500 米的高丘陵地占 44.2%，500～800 米的低山地占 13.6%，800 米以上的低山、中低山地占 1.9%。

由于梅州市山地、丘陵面积大，加之山地分割，平坦地形面积少，并分布于沿河谷地和山间盆地之中，造成农田碎细分散，不便于耕作和管理，影响了机械化生产的应用。但是，丘陵、山地的坡度大多在 25°左右，坡度在 25°以下的面积有 80.55 万公顷，占山地面积的 64.2%。由此可见，坡度在 25°以下的可开垦为经济作物的土壤占多数，为本市土壤资源的一大优势。不过，分布于坡度不大的低山浅丘和串珠似的河谷小盆地的农田，易受山洪冲刷。同时，坡耕地土瘦、缺肥、怕旱，山坑田因山高水冷、日照短、渍水多、土壤通透性差，也会影响农业的生产发展。

沿河谷地和山间盆地是主要的农业生产地区，较大的盆地有兴宁盆地、梅城盆地、汤坑盆地和蕉城—新铺盆地等。其中兴宁盆地最大，面积达 320 平方千米；汤坑、梅城、蕉城—新铺盆地的面积在 100 平方千米左右；较小的有平远的石正盆地、大柘盆地和五华水寨盆地等，这些盆地的面积也都在万亩以上。盆地土地平坦连片，交通方便，光、热、水组合条件好，有利于农业生产的发展，是梅州市重要的粮食生产基地。

（四）气候环境：亚热带季风性湿润气候

梅州市地处中南亚热带过渡地带，又面向海洋，深受海洋暖湿气流的影响，形成了亚热带季风性湿润气候。冬季，受北方冷空气影响，降水较少；夏季，受热带海洋气团的影响，降水充沛。夏长冬短，日照充足，气温高，雨量较多，光、热、水气候条件优越。其气候主要特点表现为：

（1）年均温高　热量丰富　夏长高温　冬春常有低温

地处低纬度，一年中太阳照射的高度角大，太阳辐射强，热量丰富，是广东省热量最丰富的地区之一。全市累计年平均太阳总辐射量为 109～122 千卡/平方米。年平均气温（各县气象站）为 20.7℃～21.4℃，南北相差仅 0.7℃，最热月（7 月）平均气温为 28.3℃～28.5℃；最冷月（1 月）平均气温为 11.0℃～13.1℃。4 月至 10 月，月平均气温都在21℃以上。夏季一般长达半年左右，高温期与多雨期一致，有利于水稻、花生等喜温作物的生长，水稻耕作制度为一年两季稻。

但由于东北部和北部的山脉并不高，不能完全阻挡冬季风的入侵，加上主要山脉多为东北—西南走向，寒冷的冬季风便容易顺山谷而入，再因河川中的山间盆地较为闭塞，进来的冷空气不易外流，导致各地出现不同程度的低温和霜冻现象。因此，对各种农作物的越冬条件，也产生不同程度的影响。

（2）雨季长　雨量较多

梅州市深受亚热带季风性湿润气候的影响，降雨量充沛，雨季长。年降雨量为1400～1800mm，雨日在140天以上，降雨类型以锋面雨、台风雨和热对流性降雨为主。降雨的时间、空间分配不均。具体表现在：70%以上的雨量集中在4～9月份。冬季是全市雨量最稀少的季节，多在10%以下。同时，各地降雨量受地形等因素影响很大，山地多于盆地，迎风坡多于背风坡，春季北部降雨比南部多，夏季却比南部少。年平均降雨量最多的是丰顺县，雨量为1816.0mm；其次是蕉岭县，雨量为1657.9mm；再次是平远县，雨量为1588.7mm；其余各县均在1400～1500mm之间。另外，本区降雨年际变化大。一年四季干旱都有可能发生，而以春旱、秋旱对农业生产影响最为严重。因此，兴修水利，调节余缺，是促进梅州市农业生产稳产保收的重要措施。

（3）风速较小

由于西北有项山山脉，北中部有阴那山脉，东南部有凤凰山脉，丘陵围绕使中部地区具有盆地地形的特点。这样，夏秋台风不易入侵，或入侵后强度减弱，冬春季寒潮大风到此强度大减，所以近地面的年平均风速为全省最小，一般在0.9米/秒以下，很少出现大范围的风害。

（4）热带小气候较明显

由于梅州地区的地理纬度较低，加上地形复杂多样，形成了热带小气候环境，这在广东也是特有的。如丰顺县埔寨就具有这类小气候，它适宜紫胶等热带作物生长。

综上所述，梅州市日照充足，年均气温高，热量丰富，雨量充沛。光、热、水气候条件优越，是广东省水稻的重要产区之一。同时，也

存在"二风"、"二水"、"干旱"与霜冻等灾害性天气,对农业生产的威胁仍然存在。

(五)河网水系:河流多　水量大　水质好

(1)河流多

梅州市河流溪涧纵横密布,集雨面积在100平方千米以上的河流有53条,其中最重要的河流有韩江、梅江和汀江。

韩江由两江一河交汇而成。发源于福建宁化木马山的北源——汀江,与发源于紫金和陆丰交界乌突山七星栋的西源——梅江,以及发源于福建平和葛竹山的东源——梅潭河,至大埔三河坝交汇后称韩江。它经大埔、丰顺、潮州、汕头,注入南海,全长470千米,流域面积30112平方千米。

韩江是梅州市通往汕头市、潮州市的主要水道。常年通航,最大航载重量为50吨。过去,由于韩江上游植被破坏严重,造成大量沙土流失,河流含沙量较高,其含沙量为0.65千克/立方米,居全省之冠。河床日益增高,洪泛频繁,给沿江人民带来莫大灾害;同时,也给内河航运带来不利影响。现在,经过治理,河流含沙量大为改观,多年平均含沙量为0.30千克/立方米,航运条件得到改善。主航道长241千米,可通65吨级货轮,年平均货运量200多万吨,沿线主要有梅州、梅县松口、潮州、汕头等港口,水深一般约2米,但航道水位变幅大,枯水期潮州港池水深仅0.9米。目前,韩江是连接潮州、梅州、闽西、赣南等地的内河运输大动脉。

梅江起源于陆丰、紫金交界的乌突山七星栋,沿莲花山北麓,自西南向东北穿流五华县河口,至安流汇周江河,至水寨河口汇五华河,至兴宁水口汇宁江,以上称琴江,于畲江进入梅县区,然后汇程江于梅城、石窟河于丙村、松源河于松口,最后折向东南流入大埔县境内于三河坝汇合汀江,流入韩江。

梅江从发源地到大埔三河坝全长307千米,流经五华县、兴宁市、梅县区、梅江区、大埔县二县一市二区,流域面积达14061平方千米。

梅江支流多,其中较大的支流有周江河、五华河、宁江、程江、石窟河和松源河,这些主要支流都分布在梅江干流的左侧,平行排列,自西北向东南流,与梅江大体成90°角,梅江干流右侧只有一些短小的支流，致使整个梅江支流分布十分不对称而偏于一侧。

过去，森林植物被严重破坏，沙土流失严重，导致除石窟河外，整个梅江干支流含沙量大。特别是雨季，河水非常浑浊。根据测定，其常年含沙量为 0.43～0.59 千克/立方米，在省内重要河流中居第一位。同时，梅江干流河床坡降平缓，为 0.4%，水流缓慢，易于淤积，使河道变浅，不利于航运和水电事业的发展。

新中国成立以来，通过修筑防洪堤围、山塘水库，除险滩、炸暗礁，设置航标等，梅江在开发水利、治理水害等方面取得了可喜的成就。五华河、宁江、程江、石窟河及梅江干流等已建成了防洪、治涝、灌溉、水电等工程系统，彻底改变了以往那种"大雨大灾、小雨小灾、无雨旱灾、晚上一片黑"的局面。

汀江发源于福建省武夷山南麓宁化的木马山，流经长汀、上杭、永定峰市流入大埔县青溪镇的石下坝，穿越茶阳、安乐至三河，与梅江、梅潭河汇合流入韩江。汀江干流总长 328 千米，大埔县境内长 55 千米，河流坡降 0.127%，水力资源丰富，汀江在大埔县境内的支流有小靖河、漳溪河、长治水、青峰水、坪沙水。汀江上游重峦叠嶂，植被良好，山清水秀，汀江水与梅江水汇入韩江，清浊可辨，泾渭分明。长期以来，汀江是闽、粤主要水路交通线，也是中共中央于 1930年 8 月建立的上海—香港—大埔—中央苏区的重要秘密交通线。

汀江水系

（来源：大型电视纪录片《客家人》，广东嘉应音像出版社 1999 年版）

（2）水量大

水资源丰富。多年平均降雨量为 1400 ～ 1800mm，年降雨总量为 250.3 立方米。其中约有 45% 水量为植被蒸腾、土壤和地表水体蒸发所消耗；55% 形成径流，多年平均径流约为 141.8 亿立方米，平均径流深 893mm。虽然如此，但由于季风气候的影响和区内地形变化复杂，降雨量年际、年内及地区差异较大。每年的 4—10 月，尤其 5—6 月，形成明显的汛期。同时，降水地区分布不均匀，一般兴梅盆地较少，南部及北部山区较多。这样，丰富的地表水资源自然调节能力差，给水资源利用带来一定的困难，还使旱、涝、洪等自然灾害容易发生。另外，梅州市可利用的地下水资源较丰富，蕴藏量约有 34.63 亿立方米。由于地下水质良好，宜作为城镇、厂矿及缺水地区的生产、生活及农业灌溉用水。有矿热泉水 20 多处，用于旅游、保健、发电等开发利用；此外，大埔有珍贵稀奇的甘泉天然矿泉水，含有几十种人体所需的微量元素，属医疗、饮用兼用型。由于降水量丰富，河流径流量大，河流自然落差大，因此，总体来说梅州市的水力资源丰富。据统计，目前，全市的水力资源理论蕴藏量为 98.7 万千瓦，可开发的水力资源为 77.5 万千瓦，开发潜力很大，大力发展水能资源具有战略意义，梅州市已成为广东省重要能源生产基地。

（3）水质好

韩江、五华河、石窟河、梅潭河水质达到 Ⅱ 类水标准，梅江水质为 Ⅱ ～ Ⅲ 类，汀江水质为 Ⅲ 类，合水水库水质为 Ⅲ 类标准外，其他水库均达到 Ⅱ 类标准。但是，因溶解氧、挥发酚因子影响，局部水体存在不同程度的污染问题。根据环保部门预测，梅江、琴江和五华河水质总体趋势稳定，梅江中下游和汀江水质有恶化趋势，这是一个值得重视的问题。

（六）生物资源：种类及珍稀物种多

生物资源主要包括植物和动物资源。梅州市在地质时代没有受到冰川或其他重大气候变异的影响，因此自然条件优越，自然界生物资源丰富，种类繁多。但长期以来，人们对生物资源不注意保护，甚至滥垦、滥伐、滥捕，使不少动植物资源遭受严重破坏，有的生物甚至濒临灭绝。

（1）植物种类繁多

梅州植物种类有 155 个科，近 2000 种，森林覆盖率达 73.55%，近几年来，梅州实施"生态梅州"战略和"森林围城"工程，森林生态得到进一步改善，到处呈现出青山绿水。

一是地带性代表植被以樟科、壳科、茶科、木兰科、桃金娘科等亚热带常绿阔叶林居多，多分布在海拔 200～800 米的山坡上；以针叶林松科和杉科为主。

二是有经济利用价值的野生植物种类多。据不完全统计，有油料植物数十种、淀粉植物数十种、药用植物 700 多种、纤维植物数十种、芳香植物数十种，还有单宁植物、土农药植物、野生花卉植物、野果植物、饮料植物、栽培植物的野生种或边缘种、环境保护植物等数千种。随着商品经济的发展，越来越多的野生植物被引植开发利用，野生药用植物已进入丘陵耕地种植，可供食用和药用的真菌种类多为人工培植生产，已形成了扬名省内外、国内外的多种土特产品。

三是水果资源较丰富，果树有 30 多种。梅州的水果生产历史悠久，经过长期的生产实践和人工培育，已形成了扬名省内外、国内外的多种土特产品。其中以沙田柚与蜜柚（合称金柚）、脐橙、龙眼、荔枝等最为大宗，这些土特产品，以质优著称，是梅州的拳头产品。作为全国最大的金柚商品生产基地，1995 年，梅州被命名为"中国金柚之乡"。2012 年，大埔蜜柚被评为广东十大最具人气土特产；2013 年，梅县区金柚入选旅游土特产类"广东十件宝"。

梅州金柚

金柚"王"

四是茶树品种与茶叶种类较多。梅州有着悠久的种茶历史与丰富

的种茶经验，茶以"香、甘、滑、醇"著称。茶叶中以乌龙系列为主，大埔的西岩茶、梅县的清凉山茶和单丛茶、兴宁的官田茶和单丛茶、平远的锅笃茶和云雾茶、蕉岭的黄坑茶和单丛茶、丰顺的马图茶和水仙茶、五华的天柱山茶等，在国内外素有名气，均为上品。近3年来，全市有35个茶叶产品在国家、省农博会、交易会、名优茶评比等评奖会上获得"金奖"。

大埔西竺牌西岩乌龙茶

（2）动物种类繁多

梅州气候温和湿润，森林繁茂，野生植物花果终年不绝，昆虫到处滋生，为动物提供了多样而又充足的食料，动物繁衍栖息条件优越。本区野生动物种类繁多，分布很广。据不完全统计：兽类有豹、狼、黄猄、狐狸、猕猴、黄鼠狼、野猪、大灵猫、小灵猫、山羊等几十种；鸟类有鹧鸪、雉鸡、猫头鹰、啄木鸟、麻雀、白鹤、百荣、乌鸦、画眉、喜鹊等上百种；两栖爬行类有穿山甲、水蛇、金环蛇、银环蛇、虎纹蛙、蟾蜍、草龟、南蛇、青竹蛇等100多种。但由于生态环境的人为破坏，栖息生存环境的恶化以及人们长期的乱捕、滥猎，飞禽走兽显著减少，华南虎到了即将绝种的地步。饲养禽畜动物优良品种多，如丰顺、兴宁的土种猪，蕉岭的土野猪；丰顺、五华的三黄鸡；本地白兔等地方良种。

淡水鱼类有50多种，主要有鲩、鲢、鲤、青鱼、鳗、鲂、罗非鱼、福寿鱼、鳝、丰鲤等。水生动物还有虾、蟹、螺、蚬、蛙类等。但由于化肥、农药的大量施用，江河田间水质污染，再加上电击捕捞等，江河、田洼的自然水产品资源越来越少。

（七）土壤分布：因地理环境因素影响而异

在亚热带季风气候条件和生物因子的长期作用下，梅州市土壤普遍呈酸性反应，pH 值在 4.5～6.5 之间。由于强烈的淋溶作用，土壤中 Cu、Na、Mg、K 含量少，总量不超过 5%；另外，在富铝化作用下，Fe、Al 等元素残留积聚在土壤中，使 Fe、Al 在土壤物质的组成中占主要地位。

梅州市土壤资源丰富，地带性与非地带性土壤的地理分布与生物、气候的特点和纬度变化、地形起伏有密切关系。

平远、蕉岭、梅县区北部山区中的亚热带地区，海拔 350 米以下为红壤，350～750 米为山地红壤，750～1000 米为山地黄壤，1000 米以上为南方山地草甸土；兴宁、五华、丰顺、大埔和平远、蕉岭、梅县区的南部，海拔 350 米以下为赤红壤，350～750 米为山地赤红壤，750～1000 米为山地黄壤，1000 米以上为南方草甸土。此外，还有非地带性的紫色土和河流两岸的冲积土、耕作土壤。耕作土壤以水稻土为主，旱地土壤次之。

水稻土主要分布在沿江盆地带，有兴宁盆地、梅城盆地、汤坑盆地和蕉城—新铺盆地等。盆地土地平坦连片，交通方便，光、热、水、肥等因素组合条件好，是主要高产水稻区，是梅州市重要的粮食生产基地。

二　梅州山与山文化

　　据史载，梅州"其地独多山，周罗森列不可尽名也，若夫发脉雄远，环卫重叠，多灵异之境……"。梅州境内山峦丘陵绵延起伏，山地丘陵面积占全市总面积的77.5%，耕地占8.9%，城镇、村庄、道路、特殊用地占6.1%，河塘、水库占7.5%，有"八山一水一分田"之称。

　　梅州山美，有雄奇阳刚的"粤东群山之祖"阴那山；有丹山碧水妩媚之姿的丹霞地貌；有幽深静寂自成风韵的客家林海；有奇异独特藏风聚气的客家灵山；有绿色崛起体现客家新貌的旅游文化产业园；还有各类森林公园、自然保护区。

梅州市森林公园一览表

序号	名称	级别	面积（公顷）	建立时间
1	广东雁鸣湖森林公园	国家	769.8	1996
2	广东神光山森林公园	国家	674.6	2005
3	广东镇山森林公园	国家	2177.3	2004
4	广东南台山森林公园	国家	2073.2	2007
5	广东天鹅山森林公园	省级	1667	2002
6	双髻山森林公园	省级	1067	1994
7	广东丰溪森林公园	省级	2933	1996
8	广东五虎山森林公园	省级	1338.7	2012
9	广东万福森林公园	省级	1595.5	2011
10	广东长潭森林公园	省级	842	1999
11	广东蒲丽顶森林公园	省级	1079.9	2010

（续上表）

序号	名称	级别	面积（公顷）	建立时间
12	广东韩山森林公园	省级	1045	2007
13	竹苑森林公园	县级	80	2002
14	剑英森林公园	县级	118	2002
15	元魁塔森林公园	县级	80	2002
16	何坑口森林公园	县级	86.7	2002
17	作家森林公园	县级	666.7	2002
18	官田坑森林公园	县级	100	2002
19	龙岩寺森林公园	县级	75	2002
20	梅雁植物园森林公园	县级	183	2002
21	畲江森林公园	县级	85	2002
22	梅花山森林公园	县级	66.7	2002
23	汤湖森林公园	县级	400	2002
24	山高湾森林公园	县级	177	2000
25	金山森林公园	县级	372	2000
26	赤厥山森林公园	县级	147	2000
27	寨公坑森林公园	县级	213	2000
28	张弼士森林公园	县级	179	2000
29	马佛山森林公园	县级	304	2000
30	天保寨森林公园	县级	310	2000
31	梓里森林公园	县级	520	2002
32	灵岩山森林公园	县级	215	2000
33	中山森林公园	县级	101	2000
34	双企岌森林公园	县级	60.5	2003
35	河岭嶂森林公园	县级	1347.5	2000
36	罗湖山森林公园	县级	700	2002
37	鹿坑水森林公园	县级	1000	2002
38	源坑水森林公园	县级	850	2002
39	兴宁市鸡鸣山森林公园	县级	2000	2003
40	兴宁市武仙岩森林公园	县级	1000	2003
41	兴宁市狮子岩森林公园	县级	1800	2003
42	兴宁市龙母嶂森林公园	县级	1500	2003
43	兴宁市白沙宫森林公园	县级	1800	2003
44	兴宁市乐仙森林公园	县级	1000	2003

序号	名称	级别	面积（公顷）	建立时间
45	兴宁市温公森林公园	县级	1500	2003
46	兴宁市宝山森林公园	县级	1200	2003
47	兴宁市和山岩森林公园	县级	2000	2003
48	石寨森林公园	县级	730.7	2002
49	会仙洞森林公园	县级	1694	2002
50	雷公坑森林公园	县级	1348.3	2002
51	赤岭森林公园	县级	264.8	2002
52	凤凰山森林公园	县级	2875	2000
53	龙颈水库森林公园	县级	7195	2000
54	铜鼓嶂森林公园	县级	6875	2000
55	释迦崇森林公园	县级	6690	2000
56	南礤森林公园	县级	1250	2000
57	龙鲸河森林公园	县级	822	2000
58	龙岭森林公园	县级	1578	2000
59	虎头崇森林公园	县级	710	2000
60	黎头崇森林公园	县级	600	2000
61	相思河森林公园	县级	875	2000
62	丰良森林公园	县级	530	2000
63	猴子崇森林公园	县级	588	2000
64	大埔县西岩山森林公园	县级	226.4	2010
65	大埔县飞天马森林公园	县级	393.8	2010
66	大埔县坪山森林公园	县级	144.6	2010
67	大埔县瑞山森林公园	县级	246.2	2010

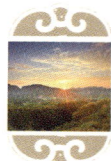

梅州市自然保护区一览表

序号	名称	级别	类型	面积（公顷）	建立时间
1	广东丰溪自然保护区	省级	森林生态	10590	1984
2	广东七目嶂自然保护区	省级	森林生态	5850	1998
3	广东阴那山自然保护区	省级	森林生态	2566	1985
4	广东长潭自然保护区	省级	森林生态	5586	2004
5	广东铁山渡田河自然保护区	省级	森林生态	17826.7	2005
6	广东平远龙文—黄田自然保护区	省级	森林生态	7960.5	2007

序号	名称	级别	类型	面积（公顷）	建立时间
7	大埔大仁嶂自然保护区	市级	森林生态	2320.5	2001
8	大埔青溪自然保护区	市级	森林生态	5000	2001
9	丰顺塘湖自然保护区	市级	森林生态	3075	2000
10	丰顺八乡山自然保护区	市级	森林生态	3333	2000
11	丰顺铜鼓嶂自然保护区	市级	森林生态	4000	1999
12	蕉岭皇佑笔自然保护区	市级	森林生态	7404.3	1999
13	梅州人子石自然保护区	市级	森林生态	1067	2001
14	梅州泮坑自然保护区	市级	森林生态	1520	2001
15	梅县区尖石笔自然保护区	市级	森林生态	633	2000
16	梅县区王寿山自然保护区	市级	森林生态	707	2000
17	梅县区佛子高自然保护区	市级	森林生态	1740	2000
18	梅县区清凉山自然保护区	市级	森林生态	9400	2002
19	梅州市九龙嶂自然保护区	市级	森林生态	1000	1999
20	平远河岭嶂自然保护区	市级	森林生态	1347.5	2001
21	平远五指石自然保护区	市级	森林生态	2216	2000
22	梅州市李望嶂自然保护区	市级	森林生态	2000	1999
23	五华益塘自然保护区	市级	森林生态	2133	2000
24	五华天柱山自然保护区	市级	森林生态	2800	2001
25	五华天吊嶂自然保护区	市级	森林生态	3800	2001
26	五华天堂山自然保护区	市级	森林生态	4000	2000
27	五华蒲石顶自然保护区	市级	森林生态	4200	2001
28	五华桂竹园自然保护区	市级	森林生态	4300	2001
29	五华清水河自然保护区	市级	森林生态	4500	2001
30	五华龙狮殿自然保护区	市级	森林生态	4300	2000
31	五华插天嶂自然保护区	市级	森林生态	4800	2001
32	五华鸿图嶂自然保护区	市级	森林生态	6800	2001
33	兴宁和山岩自然保护区	市级	森林生态	666.7	2000
34	兴宁石壁自然保护区	市级	森林生态	1333.3	2000
35	兴宁神光山自然保护区	市级	森林生态	1000	2001
36	兴宁四望嶂自然保护区	市级	森林生态	2000	2000
37	兴宁合水自然保护区	市级	森林生态	2000	2000
38	兴宁白鹤仙师自然保护区	市级	森林生态	1200	2001
39	大埔帽山自然保护区	县级	森林生态	3453	2001

序号	名称	级别	类型	面积（公顷）	建立时间
40	大埔龙坪咀自然保护区	县级	森林生态	3900	2001
41	丰顺韩山自然保护区	县级	森林生态	1333	2000
42	丰顺兵营自然保护区	县级	森林生态	2133	2000
43	丰顺大坝自然保护区	县级	森林生态	2734	1999
44	梅县区蕉坑自然保护区	县级	森林生态	600	2002
45	梅县区大连自然保护区	县级	森林生态	667	2002
46	梅县区乌泥坑自然保护区	县级	森林生态	667	2002
47	梅县区上官塘自然保护区	县级	森林生态	667	2002
48	梅县区九龙自然保护区	县级	森林生态	2000	2002

客家先民从中原南迁之时，平原已无他们的安身之地，于是他们披荆斩棘，扎根于山。"逢山必有客，逢客必有山"，他们生于山，长于山，而后葬于山，客家人对山有着难于言说的情感。在客家人眼里，山就是他们的生活。一幅淳美的生活画卷，一种独特的山水理念。客家人把对山的情感，对水的眷恋，化为改造自然的决心和力量，用勤劳的双手装扮着自己的家园，也在尽情享受着这一山一水带给他们的快乐。人与山和谐共处，山的身上凝聚着人类物质和精神的丰厚成果。人把山变成自己无机的身体，作为精神、心灵与人格的象征，从中获得生命的体验，重新发现自己。山是一幅浓缩的历史书卷，其灵魂是悠久厚重的文化渊源，浓厚的文化氛围，丰富的文化遗迹，其神韵与风情源于历史文化的厚重。

世界客都，秀美梅州，是一个传统与现实、人与自然和谐统一的理想家园。一个养在深山人未识的天生丽人，正拂去尘封，走出深闺，散发出瑰丽的光彩和独特的魅力。

欣赏客家的山，你会在群峰的巍峨中找到卓然与凝重；欣赏客家的树，你会在苍翠的林海中寻觅青春和希望；欣赏客家的溪水，你会在溪流的灵动中汲取执着与灵感；欣赏客家的花，你会在花草的葳蕤中品味清新与怡然。

（一）雄伟壮观的客家风骨——阴那山

宫阙天悬绝胜奇，况临泉石画中窥。

五峰青翠冠攒玉，二水周回练拂漪。

鱼鸟若能明正定，猿猴一似发菩提。

沉沉钟鼓僧闲寂，客亦忘言自得之。

梅县区松源金星村蔡蒙吉在《游阴那山》中如此感慨恢宏的阴那山。阴那山被誉为"粤东群山之祖"，为莲花山脉东端的主峰。阴那山秀甲潮梅，名播闽粤，与罗浮、南华鼎峙齐名，并称"粤东三胜"，是广东省省级自然保护区和广东省风景名胜区。

阴那山从大埔县西北角的英雅镇坑尾村直到梅县区雁洋镇。亿万年前，在粤东一隅，莲花山脉梅州东段——阴那山经过地壳变化而神奇崛起，背斜形成五指峰，经探测，阴那山岩体主要为砂岩和砾岩，为六亿年前形成的震旦系地层，是广东省已知最古老的地层，阴那山脉呈东北—西南走向，绵延150千米。阴那山山势雄奇，突起于梅江平地之上，具有"神山、群峰、奇石、翠瀑、浮云"的特色。阴那山峰峦叠翠，奇峰峻逸，巨石峻峭，有"九十九峰山色"之说。

1985年，阴那山被评为广东省省级自然保护区，阴那山地处南亚热带北缘的季风气候区，具有南亚热带与中亚热带过渡气候特征。阴那山自然保护区由亚热带常绿阔叶林组成，由于人类长期活动的干扰，原始植被几乎破坏殆尽，现存植被属于次生林。目前阴那山主要植被类型有季风常绿阔叶林，主要分布在海拔600米以下的地段；山地常绿阔叶林，分布在600~1100米之间；针阔叶混交林，在常绿阔叶林的外缘常见马尾松、木荷、缺萼枫香等树种组成的针阔叶混交林；马尾松林，主要分布在保护区外围地带，呈自然生长状态；灌草丛是在常绿阔叶林遭受破坏的迹地上发育的次生性植被类型，阴那山的灌草丛分布广泛，从山脚至山顶都有分布。

阴那山动植物种类丰富，原生性强，有多种国家重点保护野生动植物。据调查，区内有植物800多种，其中，国家一级保护植物有桫椤，三级保护植物有穗花杉、白桂木、巴戟、半枫荷；广东省重点保护植物有秀丽锥；野生兰科植物有8种。动物有100多种，其中，国

家一级保护动物有云豹，二级保护动物有穿山甲、大灵猫、苏门羚、白鹇、蟒蛇和虎纹蛙等。

阴那山有雄壮的风采，也有朴素的品格。阴那山虚怀若谷，把自己丰富的宝藏奉献给热爱它的人们，养育了山上、山下的儿女，它就像定海神针一样，屹立在梅江盆地，给人们一种安全感，让人们在它的怀里放心地、安静地生活。阴那山的沉稳厚重、容载万物，培养了客家人厚德载物、自强不息的客家风骨，创造了千百年的客家文化历史。在这里，你会看到人们依山就势建成的各具特色的传统客家村落，简约淳朴的建筑群与阴那山的群峰、森林及村中的溪流、农田交相辉映，组合成具有层次感的美丽山村景观；也会看到在新时代人们合理地将原来的荒坡地发展成为国家 A 级旅游景区，逐渐形成"三高农业"、"生态旅游"和"休闲旅游"三者结合的经营模式，向世人展示了南方丘陵山区发展的新模式。"雁鸣湖畔梅花香，千年古寺桃杏芳，雁南飞上茶田绿，莺歌燕舞春满江。"青山、绿水、花海、鸟鸣、民居、炊烟和山歌构成了人与大自然的和谐家园，时而似天籁之音，时而如田园交响乐，更像一幅人间天堂画。

1. 五指并举：阴那山五指峰旅游度假区

阴那灵峰丽日悬，白云深处映霞烟。
仙人桥畔登临望，琼阁仙山别有天。

张秉健在《阴那山纪游·五指灵峰》中这样感慨五指峰。阴那山山巅五峰并聚，海拔均超 1000 米，称五指峰，最高峰为玉皇顶，海拔 1297 米。凌云摩日，气势雄伟，雄奇瑰丽，可以望到潮州、汀州和梅州，有诗云："五指峰巅极目舒，白云深处望三州。"梅雁集团在 1997 年投资兴建了阴那山五指峰旅游度假区，这里有广东省目前唯一的大型天文科普园，也是目前全国唯一的集旅游、天文科普双重享受的旅游胜地。

五指并聚（五指峰旅游度假区提供）

（1）灵寺托奇峰　仙山藏丽景

从阴那山西麓的灵光寺仰视五指峰，山峰像一只强壮的手臂伸开五指划向云天；在大埔县大麻万福寺遥望五指峰，山峰又像蓝天白云下盛开的五朵莲花。

五指峰一年四季景象万千，春夏登临，可见云涌雾蒸苍山润，瀑飞流湍谷空喧，登极望远，可见雾海浮孤峰，佛光映彩云的奇幻景象。秋冬时节，云淡天高，秋叶如火。隆冬雨霁朔风过，漫山遍野，冰凌裹翠，好一个水晶世界。

玉皇顶观日出最为壮观，旭日升起，第一缕曙光打破黎明前的黑暗，随后，朝阳如同火球一般跃出万顷波涛的云海，给千峰万岭披上金灿灿、红彤彤的霞光，空气环流、瞬息万变，更是艳丽不可方物，令人精神振奋、心旷神怡。

（2）星河尽涵泳　俯仰终始成

五指峰科普天文馆建于阴那山山巅北坡，海拔1000米，是我国海拔最高的科普天文馆，由天文景观、天文展示中心、天象演播厅、天文台四大部分组成。科普天文馆以"宇宙与人"为主题，从科学、美学、人文和艺术的全新视角来诠释起源于远古、活跃于现代，神秘而又与人类息息相关的天文学。从五行柱始游，走天梯观星象，行水道看地球演化，观雕塑识苍穹奥秘，听讲解知宇宙机理。行走星象馆，犹在天上仙界；眺望阴那山，方知尚在人间。

五指峰科普天文馆（五指峰旅游度假区提供）

（3）巉岩镶翠屏　秀色醉游人

阴那山怪石嶙峋，巉岩林立，有猿猴采果、蛏蚌桥石、仙龟落井、拦盘大石、铁扇关门、蟾蜍灵石、顽石点头、祖师禅洞、乌猪三阵、牛颈仙桥、仙人石桥、金猴献鼓、借扇摇凉、门面石座、笔架灵峰、印石错位、锡杖崩蓬、美女藏阴、圣女怀胎、通天蜡烛、茶园宝盖、石吐莲花等奇石。赋予动人故事的嶙峋巉岩被人格化、世俗化，山因此变得有血有肉。人与自然交融，山也成了客家人生命中不可分割的美丽背景。

2. 三千境界：灵光寺旅游区

千年古刹陵，千米置云层。
千亩禅茶境，千秋入画屏。
枯萎古柏奇，形似祖师仪。
招手迎宾客，眉开笑送离。
灵光寺饰新，景物四时春。
晨暮敲钟鼓，虔诚跪拜频。
飞虹对寺门，峰峦入青云。
泉水长留响，潺声雅韵存。
雄峰越古今，悦耳浪声琴。
纵观群山景，千姿胜桂林。

五指灵光（梅州日报社提供）

范志青在《游阴那山灵光寺》中这样描述千年古刹——灵光寺。灵光寺位于雁洋镇南福村莲花山脉北端海拔1297米的阴那山西麓，是"岭南四大名寺"之一，始建于唐大和五年（831），至今已有1100多年的历史，是梅州市历史最悠久、规模最大的佛教寺庙，属广东省重点文物保护单位。2006年广东华银集团以灵光寺为核心投资兴建了梅县灵光寺旅游度假区，是国家4A级旅游景区。

占地12000多亩的灵光寺旅游区，依托灵光寺千年古刹、溪谷生态、森林生态、茶田生态等特色旅游资源，建设成为以佛教文化为主线，集佛教、生态、探险、茶文化于一体的综合型禅文化旅游目的地，逐步形成吉祥天接待服务中心、水体生态景观廊道、宗教文化区、禅茶休闲区、溪谷悟佛区、森林修行区、景观抚育区"一心一廊五区"格局。目前，灵光寺旅游区已升级为阴那山文化生态产业园。

（1）千年古刹灵　灵光三绝奇

灵光寺主要供奉菩萨和开山和尚潘了拳，常年香火鼎盛。寺内面阔三间，进深七间，面积6000多平方米，寺的布局巧妙，主殿结构神奇，双层飞檐上更空上一层。金刚殿、罗汉殿、诸元佛殿、钟楼、鼓楼、经堂、客堂、斋堂等古朴典雅，神像形态惟妙惟肖、栩栩如生。2013年，经过两年多的修缮维护，主殿大雄宝殿重开，金佛、金柱、贴金壁画，富丽堂皇之余更显佛家的庄严肃穆。

生死树（何日胜　摄）

菠萝顶（罗迎新　摄）

多少年来，灵光寺一直保留着"灵光三绝"的奇特景观，并闻名于世。"灵光一绝"指的是"生死树"，是寺前的两株古柏，为惭愧祖师所植，据说生树有千年历史，而死树已死去300多年，却依然傲然挺立，柏香犹存。"灵光二绝"是"菠萝顶"，建于明朝，殿堂藻井以1276块凹凸榫头木料接嵌垒成，高丈余，形似螺旋宝塔，下八角形、上圆锥形，愈往高愈小，如菠萝纹状。殿内香烟经此顶空气对流作用，抽至螺旋顶，再经中间拱斗四散，殿内因此不会有香烟熏人，实为"鬼斧神工"之作。"灵光三绝"是"顶无叶"。每当大雄宝殿后山的树木落叶时，两边的屋顶都会有一些树叶，而大雄宝殿的殿顶上却从来不会飘有一片落叶，究竟是什么原因，世人认为这是一个难解的谜。人们猜测这可能是受山谷风影响的缘故。

（2）千亩禅茶境　千秋入画屏

灵光寺景区的千亩茶田，平均海拔高度在800米以上，常年云雾缭绕，被誉为粤东最美的千亩茶园。茶场在广东四大千年古刹之一的灵光寺旁，每天听着晨钟暮鼓，吸着山川灵气和日月精华而生长，所以此茶叫灵光寺禅茶。禅茶源自千年古刹、千米高山、千亩茶田所造就的神奇三千世界，禅因茶而增添悟性，茶因禅而富有灵性，禅茶共同追求的是精神境界的提纯和升华。灵光寺的禅茶，将灵光寺与茶田完美融合，形成了其独特的禅茶文化。

阴那茶田（灵光寺旅游区提供）

沿着灵光寺右侧小路，跟着溪水逆行而上，是阴那山文化生态产業園正在开发的新景点——溪谷悟佛区。沿灵光寺前的山涧溯溪至水帘礤的溪流区域，面积有200多公顷，游步道行程约7000米。溯溪而上，重峦叠嶂，奇峰林立，古木参天，鸟语悦耳，蝉韵悠扬，曲径多姿。以悟佛为主题，让人在生态旅游中感悟宗教，在宗教旅游中体验生态。

潺潺高山流水，宏伟古刹殿堂，千亩茶海风光，绿荫休闲禅香，灵异日起日落，灵光寺独具禅意的生态风光正吸引人们来此寄情山水、放松心灵、回归自然。升级后的阴那山文化生态产业园为广大游客提供了千年古刹的祈福圣地、许愿放生的奇妙灵地、休闲度假的品茶场地。

3. 茶田胜景：雁南飞茶田度假村

北雁南飞梦千回，蝶舞倩影两相随。
青山围楼伴明月，茶香酒醇天仙醉。
梦里江南倚翠微，落霞斑斓鸟声脆。
天籁知音碧空尽，白云深处寻梦归。

李新耀在《北雁南飞寻梦归》中所描写的雁南飞，凸显了雁南飞是以客家文化和茶文化为主题的最具代表性和典型性的精品旅游景区，由广东宝丽华集团有限公司在1995年投资开发，占地面积6.67平方千米，是目前梅州市唯一一个国家5A级旅游区，是一个融茶叶生产、生态公益林改造、园林绿化、旅游观光于一体的生态农业示范基地和旅游度假村。

雁南飞茶田度假村依托优越的自然生态资源和标准化种植的茶田，以珍爱自然、融于自然的生态为理念和"精益求精"、"人文关怀"的企业文化，树立了"雁南飞"名牌精品。亲近自然、超越自然的匠心独运，现代文明与客家文化的完美结合，自然风光与人文景观的交相辉映，塑造出集茶文化韵味与慢生活意境为一体的"世外桃源"。

雁南飞茶田度假村（雁南飞茶田度假村提供）

（1）饱览山色畅幽情　休闲怡乐数雁南

雁南飞背靠阴那山，方圆有 1100 多公顷山地。站在围龙酒店前的大道上仰头看天，蓝蓝的天空，飘挂着朵朵白云，如同洁白无瑕的花朵，美不胜收。放眼眺望四周，群峰起伏，虽不比泰山雄伟壮观，但也是林木葱郁，势如林海。低首遥望，半山坡、山脚下，茶园叠翠，溪水长流，尽显大自然的气派。度假村内，斜径纵横交错，而条条斜径都是树木成荫，草绿花香，三五知己漫步在斜径上，耳听百鸟喳喳，又闻泉水叮咚，鸟雀声、泉水声，汇集交织，如同演奏一曲曲的山韵乐章，悦耳悠扬，分外舒适。

雁南飞的建造者以画为本，以诗为题，通过栽花种树、凿石安放等各种艺术手法，独具匠心地创造出丰富多彩的景致，犹如"无声的诗，立体的画"。畅游于雁南飞，一边闲步，一边赏画，或见曲径通幽、峰回路转，或是步移景易、变幻无穷。最喜那些似不经意散落在树丛边、草地上、亭台旁的大石头，平添了许多诗情和画意，一如"园无石不秀"之说。走累了，寻个绿树草丛中的石头坐下，草丛边有一座小亭廊，绚烂如霞的杜鹃铺展于亭廊的顶端，不觉这亭、这花、这石、这草已浑然一体，随意而别致，写意又温暖。不由得想到，如果家在这里面就好了。雁南飞的园林需要认真品味，在繁华喧嚣的背后，是空灵，是宁静，是平和。

（2）茶田恋曲醉芳菲　碧峰云雾绕围楼

"雁南飞神石"是度假村的标志性建筑，上面刻有"雁南飞、茶中情"六个大字，"雁南飞"这个富有诗意的名字代表着客家人对"北雁南飞"的根本认同；"茶中情"表达了雁南飞以茶文化为内涵，

与茶结缘，与茶会友，与茶传情。

　　雁南飞的茶文化和传播茶文化的方式给人留下深刻印象。拥有得天独厚自然环境的雁南飞，孕育出了品质一流的茶品，塑造出融自然韵味和茶文化意境为一体的"世外桃源"。鲜嫩欲滴的茶叶，把雁南飞打扮成一个绿意盎然的世界。山形缓坡，隔着一片一片的茶园，可望见远处的群山和一弯山坳的清水。在春季和秋季来到茶园中，可以和茶农们一起去采茶，感受客家人劳作的乐趣。景区开发了包含茶与诗词、茶与歌舞、茶与楹联、茶艺表演、茶食茶疗等21个方面的茶事旅游，成为中国茶文化的一朵旅游奇葩。

雁南飞神石（雁南飞茶田度假村提供）　　采茶图（雁南飞茶田度假村提供）

　　雁南飞的建筑文化同样颇具特色。别墅区、围龙大酒店、围龙食府、美食长廊、购物商场、茶仙阁、游泳池等建筑，都是因地形布局，因地势而建，没有破坏地形，损毁生态，体现了经营者的文化素养。每座建筑物的外表并不堂皇，甚至还有几分古香古色，与环境十分协调，构成人与自然的和谐格局。座座建筑物如同颗颗宝石明珠，恰到好处地镶在其中，闪烁生辉，观而舒服，看而自然。与那些把一片片山地推平而建，以致破坏生态，水土流失的做法相比，这突显了雁南飞建筑文化的特色。

　　雁南飞弥漫着浓浓的客家文化内涵，从围龙屋建筑，到客家山歌、客家美食、客家特产、客家服饰，浓郁的客家风情扑面而来，围龙大酒店和围龙食府曾获中国建筑的最高奖——鲁班奖；雁南飞专门成立的山歌艺术团更使其成为客家文化的重要展示基地。在客房、过道、厢房乃至洗手间，都有名人格言和诗画。著名书画家陈景舒留下的墨宝"客相逢你是客我是客来客都是客，家团圆东一家西一家大家是一家"，把客家人包容开放、热情好客、以诚待人的精神，描绘得淋漓尽致。

总之，文化是雁南飞的灵魂和大美所在。当你到了雁南飞，你就会被这里优美的生态、和谐的环境所感染，会对这里厚实的文化内涵，处处突显自然与文化交融的优美环境赞叹不已……

4. 养生休闲：雁鸣湖旅游度假村

> 你离天最近；离飞翔最近；离月最近；离神仙最近。
> 大雁来过，不舍飞离，
> 两片白羽，化作一汪绿湖，
> 洗濯世人疲累。

《雁鸣湖，我不想走》描绘了现代人对雁鸣湖的强烈喜爱之情。大雁南飞北归在这块风水宝地上栖息，为这里的"山明水秀，鸟语花香"而鸣唱，因而称为"雁鸣湖"。梅县区华银雁鸣湖旅游度假村兴建于 1996 年，占地 1.2 万亩，是粤东地区规模最大的度假旅游胜地，先后获得国家森林公园、国家 4A 级旅游景区、国家有机农场、全国农业旅游示范点等荣誉称号，是广东省重点农业、林业龙头企业基地和省、市、县"高标准现代化生态农业开发示范区"。

雁鸣湖旅游度假村突出绿色旅游和生态保健，结合绿色生态环境和道家"天、地、人、合"的养生理论，以生态休闲、养生保健为主题，强化生态和游乐两大特色，按一年春、夏、秋、冬四季轮回的概念兴建"春晖园、夏晓园、秋实园、冬融园"等四大功能景区。

雁鸣湖全景（雁鸣湖旅游度假村提供）

（1）南国好风光　药食以养生

饮食之道，根在原料，源在用心。雁鸣湖是南药种植基地，有许多野生的药材，药膳是雁鸣湖饮食的一大特色。银湖大酒店在菜点制作方面不断创新和改进，融入了中药养生、保健的内容，形成菜点特色。其中十三味南药炖汤是独家秘方的招牌菜，采用度假村南药基地种植的罗汉果、艾叶、佛手、益母草等烹制而成的"八珍煨鸡"、"如意西番莲"、"菌王炒艾卷"、"益母草猪润"等菜式和点心均是养生菜色，既弘扬了客家饮食文化，又突出了"中药养生、绿色保健"的主题。雁鸣湖将药材与旅游结合起来，实现以药促旅、药旅结合的发展模式，也逐步建设成富有鲜明特色的中国南药养生旅游度假第一村。

（2）田畴绿满坡　香满唤佳节

雁鸣湖景区内有开发了近20年的3000亩的大农场，一年四季瓜果飘香，3月枇杷，4月杨桃，5月杨梅，一直到11月金柚飘香，从不间断。每月根据不同时令水果的丰收，举行恋艾节、枇杷节、杨梅节、柚花节、金柚节等大型主题活动。这些瓜果，全部达到国家有机标准，在吃到一份健康的同时，还可参与采摘，感受丰收的喜悦。有人这样写道：春天的枇杷，夏天的杨梅，深秋的金柚，漫坡的清甜，随手一摘，就是一篮篮欢声笑语。就算不是诗人，轻轻一咬，嘴里，也会流出诗来。雁鸣湖另一特色是开心农场，有猪场、菜场、鱼塘、鸡场等，人们可亲自动手采摘蔬菜、捉鸡钓鱼，体验农家之乐，忘却城市的纷扰，收获内心的释然。

（3）青山横画卷　碧水涌诗情

古人云：山为自然之魂，水集天地之气，山水乃天地之大成。雁鸣湖的千亩湖水，与阴那山遥相呼应，山水交融，构成了一幅美丽的山水画卷。在这里，我们可以赏平湖秋月，饱览度假村迷人的景色。"林花径雨香犹存，芳草留人意自闲"，度假村湖光山色的灵性和神韵，令人怡然自得，静享安谧。雁鸣湖还提供空中飞人、铁索桥、迷你蹦极、水上自行车等多项娱乐设施，在这青山绿水间释放压力，洗涤心境，收获一份激情、一声笑语。

空中飞人（雁鸣湖旅游度假村提供）

5. 梦里客家：桥溪村

一门鼎盛，二姓同村，三代展鸿图，四海扬名，五指峰峦钟沛国；
六朵金花，七行楼屋，八方齐庆贺，九如献寿，十分声价壮桥溪。

　　此联为桥溪村所作。桥溪村始称叩头溪，因一小溪从村中穿过而得名。桥溪村位于梅县雁洋镇长教村以东 4000 米，面积约 1 平方千米，与大埔县英雅接壤，位于粤东名山阴那山五指峰的西麓。明万历年间，朱陈两姓人家从福建石壁迁徙而来，聚族而居，躬耕劳作，世代联姻，繁衍生息。2002 年桥溪被定为广东省文物保护单位，广东宝丽华集团于 2012 年投资开发了桥溪古韵景区，2013 年 8 月底，桥溪村被评为"广东省十大最美古村落"之一。

桥溪古韵（梅州日报社提供）

（1）溪曲哼清泉　桥横秀古屋

桥溪村有以青山绿水和木栈道、石砌路等生态景观为主的"十里桥溪"，还有以客家古民居建筑群等人文景观为主的"客家古韵"。走在碎石铺就的小路上，望着古朴雅致的小桥，潺潺流动的溪水，袅袅升起的炊烟，会让你如坠入恍若隔世的桃园秘境。站在该村高处俯瞰全村，只见桥溪村环山碧绿，层林尽染；村中古树婆娑，石径阡陌，石垒梯田叠叠，炊烟袅袅，果园飘香；山涧溪中怪石嶙峋，沟壑交错，清泉淙淙，古老的山村构成一幅客家民俗风情画卷，漫步村中，恍如身处世外桃源，令人流连忘返。

岁月是一场婉约的盛宴，文化是桥溪古韵的灵魂。步入桥溪古民居建筑群，仕德堂、世安居、守庆公祠、继善楼等 17 座百年古朴民居，那精巧的建构、丰富的内涵、中原遗风承载的客家精神，与 7 棵百年古树相得益彰。每一座古民居都铭刻着久远的历史记忆，甚至可以说是一部传奇史诗，更是 6000 多位海外华侨及港澳台游子梦里的诗意家园。桥溪村最具代表性的百年继善楼为朱氏五昆仲合建，坐北朝南，结构考究，其门楼石柱、屋檐窗棂、墙面天花，处处用瓷雕、石雕、彩雕、木雕的手法，刻画了许多栩栩如生的花草虫鱼、吉祥兽类；屋内厅堂、书房里雕刻和撰写着《朱子家训》以及持躬、存养、学问、敦品、处事、齐家格言。群山呵护的民居建筑群、美丽的田园风光、质朴好客的村民，颇具藏在深闺人未识的韵味。

古韵桥溪

（2）钟灵毓秀　人才辈出

村中民风淳朴，世代重教兴文，崇尚文化。朱陈两姓各办私塾，一个小小的自然村落拥有4个书塾、学校类的教育场所，从省城广州、梅城、邻乡聘请名师，启蒙教育族中孩童。后来朱陈两姓合塾建立桥溪小学时，朱氏湘源公（字芷秀）还特撰楹联曰："圣功蒙养，幼学壮行，正及时就读之年，慎毋负亲师教育；横览五洲，纵观六合，值多难兴邦之日，宜造成世宙英豪。"联挂校厅，以励师生。据不完全统计，民国以来，桥溪村共有大学生、出国留学生30多名。

（3）乡间远微尘　即有心安处

多情而宽容的山水人文，从来就是生命最美好的家园。走在桥溪古韵的青石板上，阳光轻拢大地，绵绵青山与淙淙碧水相伴相依，陌上紫薇同萧萧翠竹散落其间，玉露天池安谧铺展在青山翠岭的怀抱，栋栋楼房修旧如旧，建新如旧。外出务工的农民回到了家门口就业，无论是依杖而行的老人，还是嬉笑打闹的孩童，都笑得那么开心、幸福。时光的碎片，仿佛在这里重新复合。微尘远、山花近，追求一分自然本真，传承一种文化记忆，便会收获一个纯净平和的世界。

（二）惊险峻峭的客家丹青——丹霞地貌

平远南有南台山，北有五指石和龙田山，是福建武夷山延伸下来的丹霞地貌，它是红色砂岩经长期风化剥离和流水侵蚀，形成孤立的山峰和陡峭的奇岩怪石，是巨厚红色砂、砾岩层中沿垂直节理发育的各种丹霞奇峰。"色如渥丹，灿若明霞"，丹霞地貌以其绚丽多彩，拟人似物的姿态，向世人展示了大自然的鬼斧神工。

"入山看见藤缠树，出山看见树缠藤，树死藤生缠到死，树生藤死死也缠。"客家山歌《藤缠树》意喻客家人对山的深深眷恋；古有谢志良反清复明，今有"阿严哥"宁死不屈，反映出当地人的丹青赤诚之心；这里环境幽静，培育了当地人淡泊宁静的心境，文人墨客曾隐居此处，是修身养性的理想去处；丹霞与佛教信奉的主体色调一致，成为善男信女朝拜之地，佛教气息异常浓厚，丹霞为佛增灵气，佛为丹霞添光彩。

外俊内秀形同五指的五指石，雄伟壮观的南台"卧佛"，除了它们外部所显示出来的多种美感外，千百年来客家人在山水之间还寄托了深厚感情，有对故土的眷恋之情，有对君主的忠义之情，有探索革命真理的赤诚之情，有对宗教的虔诚之情。这些情感共同孕育出"丹青"这种特殊文化现象，是人类智慧凝聚、沉积的结果，从这里折射出客家人文明的进程，它为丹霞地貌增光添色，也为其注入了生命和活力。

1. 色渥丹霞：五指石

丹霞地貌石玲珑，峻岭峥嵘叹鬼工。
峭壁悬崖行栈道，指峰挺剑刺苍穹。
青天唯向缝中见，野径每从穷处通。
不畏崎岖凌绝顶，壮心未老啸长空。

陈礼昌在《五指石感怀》中描写了五指石的峥嵘险峻，他所描写的五指石坐落于梅州市平远县北部差干镇，位于闽、粤、赣三省交界处，乃福建武夷山之余脉。因拔地而起、形同五指擎天的五座石峰而得名，汇聚了"丹霞地貌、森林生态、人文古迹"三大景观，拥有"五奇"（奇石、奇藤、奇缝、奇树、奇洞）特色。五指石的石林，比云南石林圆润，比丹霞石林秀气。奇峰怪石，似断非断，把五指石风景区连成一个迷宫般的石林，呈现丹霞地貌所独有的"缝连缝、缝连洞、洞连缝"的景观。1992年五指石被国家旅游局确定为"国家级自然旅游景观"之一；2000年9月被广东省旅游局确定为"广东省休闲度假好去处"；2005年被评为国家3A级景区。

五指日出（梅州日报社提供）

五指奇峰（罗迎新　摄）

（1）丹山疑淬火　林深水更幽

五指石属于丹霞地貌，丹霞地貌最突出的特点是"赤壁丹崖"，即红色的岩石广泛发育，具有顶平、身陡、麓缓的方山、石墙、石峰、石柱等地貌。五指石丹霞地貌自然景观独特，从远处看，赤壁丹崖峻峭，形如伸展的五指拔地而起。五指石主要由形似五指的宝鼎石（拇指）、罗汉石（食指）、天竺石（中指）、降龙石（无名指）和宝盖石（末指）组成。在大自然的鬼斧神工下，形成了山体陡峭、穿缝发达、岩深洞幽、雄浑隽秀的典型丹霞地貌景观。

五指石森林植被丰富，保存完好，森林覆盖率达94%，保存着三尖杉、红豆杉、深山含笑等珍贵保护植物。五指石绿树郁郁葱葱，有数不尽的名木奇葩，听不尽的婉转鸟鸣，探不尽的秀美山水，这一切更使石峰彰显出外俊内秀的气质。距五指石不远处，流淌着一条神秘的古道——松溪河。松溪河，千百年来为粤赣两省间"盐上米下"的古驿道。狭窄的河谷上，近5米宽的桥面，横跨于峡谷之间，如长虹卧波。河水如青绸绿带，盘绕于层峰叠峦之间，十里水路如画卷。其通达三省的地理位置，给赣南、粤东、闽西带来了明清五百多年的繁荣，培养了大批客家富商，同时也孕育了源远流长的客家文化。

（2）青山奇景惹人醉　峻岭峥嵘叹鬼工

五指石自然景观奇特，有"聪明泉水不等闲，疑是九天降仙泉。掬饮一口添智慧，三杯落肚寿延年"的奇泉"聪明泉"；泉边有一条只能侧身而过的石缝"磨肚缝"；有"八景之最一线天，线线同云紧相连"的国内罕见的"一线天"景观；有"处世戒醉心，千古不开酒瓮石；为人思饱德，万家当看饭箩山"警世名言的酒瓮石和饭箩石；有形态奇异、节密而劲，代表忠心的"隆武竹"。

（3）峭壁悬崖行栈道　指峰挺剑刺苍穹

在五指石贵妃谷修建了全长8.7千米的广东第一凌空栈道。站在栈道上在悬崖峭壁间可领略奇山奇石的奇秀风光，远眺可观粤闽赣三省的旖旎风光。高高矗立的五指峰，惟妙惟肖的孔子像、老子像，还有神龟献寿、雄狮戏绣球等大自

悬壁栈道（罗迎新　摄）

然杰作，让险境处处显露奇秀风光的迷人魅力。客家人不畏艰难，勇于开创，只为揭开五指石的神秘面纱，探寻这人间仙境更动人的面貌。

（4）五指丹青照汗青　淡静石居见南台

300年前，五指石还是一个古战场，明太原府总兵谢志良（差干人，明振北侯）在此召集义军，开展反清复明斗争达16年之久，为五指石留下了混元塔、隆武殿、点将台、古战墙等众多遗迹和故事。历史的沧桑可看出当地人的赤诚之心。

五指石的万安寨景区，有民国十二年（1923）由谢毓明（字焕标，号淡静主人）利用山腰天然石洞开凿而成的"淡静居"。居室设计精细、保存完好，洞口四周植被茂盛，是个修身养性的好地方。淡泊宁静可使人放飞心灵，唤回本性，让人真正热爱人生、享受自然。

"你用石板铺成的路，带我走进绿荫深处。石缝里悠悠长长的记忆啊，多少次把乡音守护。你用古藤缠绕的树，让我从此不再孤独。石洞里深深切切的思念啊，全交给这朝朝暮暮。面对天空把五指伸出，这份爱让我紧紧握住。在心中曾留下风景无数，只有你是我读不完的情书。"静下心来聆听这首《五指石恋曲》，你能深深地感受到当地人对五指石的眷恋之情，听出丹霞带给客家人内心的宁静和骄傲。

2. 天然卧佛：南台山

天风吹我上南台，心绪沉沉倦眼开。

一鸟惊飞随石坠，万山奔凑似潮来。

神仙事业空陈迹，草莽英雄孕霸才。

知尔英灵冠南服，九龙诸岛不胜哀。

清末翰林谢远涵在《登平远南台山》中所述的南台山，位于梅州市平远县城西南石正镇，海拔640米。南台山发育于一亿多年前的侏罗纪中晚期，是由于地壳运动的影响，逐渐形成以砾岩岩层为主的石峰，也是典型的丹霞地貌。岩壁自上而下都是断层分布，其色艳若赤霞，被誉为粤东八大名胜之一。2009年，南台山获准设立南台山国家森林公园。

南台山国家森林公园总面积2555.8公顷，森林覆盖率77.3%。园

内森林资源比较丰富，植被保存较好，以针叶林和常绿阔叶林为主。森林植被具有多样性，主要有常绿阔叶林、竹林、温性针阔叶混交林、暖性针叶林等4种植被型及若干群系，地带性植被为常绿阔叶林。这里野生动物资源较丰富，有国家重点保护野生动物19种，其中国家一级保护物种1种（蟒蛇），国家二级保护物种18种。这些野生动植物具有一定的观赏价值。园区中还有许多怪石奇景、名胜古迹、奇闻逸事和动人传说，有着别具一格的韵味。

（1）东南作嶂并参天　卧佛之最在南台

同是丹霞地貌风景区，南台山与五指石却有着截然不同的风格。南台山奇峰突起，如刀劈斧削，千姿百态。从南向北看，双峰并峙，状如大雄狮高踞，雄伟壮观。从东向西看，有如卧佛观天，大佛横跨两省，佛身在广东，佛足伸入江西，成为一个巨大的天然"卧佛"奇观。

用"山是一尊佛，佛是一座山"来形容南台山是再恰当不过了。南台山是迄今发现的世界上最大的一座天然"卧佛"。专家学者经过18个月的考察论证，得出南台山天然卧佛身长为5200多米，宽1000米，头、胸高430米，"佛体"体积超过10亿立方米，估测总重量超过20亿吨的一连串权威数据，使它获得了"世界第一天然卧佛"的吉尼斯世界纪录。

世界第一天然卧佛（梅州日报社提供）

南台山岩壁自上而下都是断层分布，其色艳若赤霞。天然卧佛以群山作床，其头、身、足由南台山、青云山、紫林山三山连亘组成。

佛首为南台山，山上的石、竹、绿荫、山径、亭阁、寺庙分别呈现为卧佛的发髻、额、睫毛、鼻梁、双唇和下颚；佛身是青云山，宽广的胸膛、浑圆的腰自然分明；匀称的双腿和脚板跷起的佛足是紫林山的大部分。日出之时，周身赤红；日落之际，背后霞光万道，整座山成了一张惟妙惟肖的"卧佛"剪影。凡看过这尊神形逼真的天然卧佛的游客，均会感叹天地造化之神奇、地质景观之玄妙。

（2）万年潜龙守太平　千年灵石生古韵

石龙寨是南台山森林公园的重要组成部分，相传古时候有一个太平和尚云游此地，把残害百姓的黑蛇精杀死，但自己也因心血耗尽，仰倒在地，再也没有起来。玉帝念其为民除害有功，命太白金星将其肉身化为石身，供百姓敬拜，并遣石龙一条，卧于其右侧以护大佛，并作为百姓敬拜的场地（即现在的石龙寨）。所以，平远有句古话：平远是与龙共舞、与佛同伴的好地方。而太平和尚变成石佛后，他的生命在青山绿水中长存，凛然正气，使所有天灾人祸不敢侵临平远，也使平远变成一片福地，风调雨顺，人丁兴旺。为此，当地也在卧佛山下修建了一座大佛寺，以敬天然之卧佛。这座佛寺采用唐代寺庙建筑风格，以现代建筑材料为主，是梅州市乃至粤东地区规模最大的寺庙。

石龙寨山门

登上石龙寨山顶"观佛台"向西远眺，南台山、青云山、紫林山三山连亘，全长近 5000 米，自然构成形象逼真的"天下第一大佛"；俯瞰平城，县城新貌、平中新校区、南湖等一览无遗，尽收眼底，美

不胜收。"登高台，拜大佛，观霞海，览平城"，游人乐此不疲。

（3）一声杜字啼春风　明朝绯挂千山丛

思绪随风飘，历史如云翻；丹霞南台，英魂所系。1948 年 4 月，深受南台山人敬仰的"阿严哥"（程严）率领中国人民解放军粤东支队独立第四大队，在南台山嶂肚里与国民党八个连的兵力搏斗，阿严哥身负重伤被捕，宁死不屈，壮烈牺牲。

霏霏清明雨，灿烂杜鹃花。革命先烈战斗过的土地，鲜花开得特别艳丽。杜鹃花大都分布在南台山向阳的悬崖上，大致有深红、紫红、粉红三种，一簇簇鲜艳夺目的杜鹃花在如丝春雨中，仿佛是飘荡在山崖上的一片片彩霞，给雄伟壮观的南台山增添了秀丽的色彩。

无论是"腾云似涌烟"，还是"密雨如散丝"，南台山始终是一首读不完的诗篇、一幅展不尽的山水画卷。烟雨中的南台，雾在松间绕、清泉石上流，雄奇险峻的绝壁变成了国画大师即兴涂抹的背景，巨大的写意山水画直逼人的眼际，让人尽享"身在云中、人在画里"的美妙境界。

南台山杜鹃（梅州日报社提供）

（三）幽深静寂的客家林海——物种宝库

我们常说的海，是无边无际的蓝，而客家的"海"是漫山遍野的绿。2004 年以来，"绿满梅州"、"森林围城"、"生态家园"等系列活动风生水起，处处呈现绿色梅州，翠披梅岭。茫茫林海，保存着梅州良好的自然和生态环境，这里有"粤东明珠"七目嶂、"皇佑林海"皇佑笔、"绿色明珠"丰溪林场等省级自然保护区，有"寻幽访古"大埔双髻山省级森林公园，有被誉为"九峰十八景"的王寿山，有"物种宝库"龙文—黄田自然保护区，有"金城雄镇"的镇山国家森林公园等等。群山、林海、田畴、蓝天、白云构成了一幅幅风景优美的天然画卷，抬眼望去，只见一片片绿荫万顷、一片片挺拔茂盛，让人想起繁茂的人生和青春的光泽；一片片苍翠滴绿、一片片瘦骨嶙峋，又让人想起那些沉重和坚韧的日子；而那一片片婀娜多姿的竹海，又给人以纯真、自然、灵性和赏心悦目的感受，让人不得不感叹大自然的神奇和造化的鬼斧神工。

绿色代表生命，象征活力，绿色是梅州最好的自然禀赋。客都梅州，林海绿滔；有山皆绿，有水皆清；四时花香，万壑鸟鸣。客家林海是一幅优美的画卷，旖旎的自然风光令人心旷神怡；是一首壮丽的诗篇，博蕴的人文景观令人赞叹不已；是一曲远古的歌谣，奇趣的神话传说令人回味隽永。

1. 物种宝库：七目嶂

> 七目山高十九峰，物华天宝秀奇雄。
> 漫野林森隐飞瀑，史前蕨树吐氧风。
> 稀兽珍禽家园乐，奇岩怪风涛声隆。
> 人间仙境何处找，五华大嶂幽谷中。

诗人陈启鹏在《七目嶂》诗中描写了七目嶂的魅力，表达了对七目嶂的热爱之情。

七目嶂，位于梅州市五华县长布镇大田境内，山脉横跨梅州市五华县、河源市龙川县，属省级自然风景保护区。登上山峰，可眺望周围五华、丰顺、龙川、紫金等七县市，故称七目嶂。

七目嶂全貌（梅州日报社提供）

（1）苍山翠盖桫椤景

七目嶂是广东省最大的天然原始次生阔叶林区之一，被誉为"物种宝库"、"粤东明珠"，是粤东最大自然保护区。七目嶂物种资源丰富，森林植被类型多样，经专家考证的植物有 1055 种，野生动物有 53 种，有国家一级保护植物桫椤，二级保护植物三尖杉、红椿等，珍稀动物云豹、蟒蛇、穿山甲等。七目嶂又有"桫椤王国"的美称。在保护区的核心区粗石坑，发现了高 9.2 米的桫椤，其苍翠的叶子张开像一把把绿色的长剑，是迄今为止世界上最大的桫椤单株，被誉为桫椤王。桫椤是一种古老孑遗的树状蕨类植物，3.5 亿年前就在地球上繁衍生息，被称为"活化石"。桫椤树并不是我们常见的开花结果的植物，一棵桫椤树的长成往往需要上百年，甚至上千年，而且对环境的要求极为苛刻，包括湿度、壤质，乃至周围的生态，由此可见，七目嶂环境之优！

桫椤群（陈义彬　摄）

（2）千姿海底石绝奇

七目嶂还是一个奇石世界。这里的奇石实在太多了，有风动石、虎头石、猴子石、鹧婆石、面包三叠等等，每一块石头都有一个故事。离主峰 200 米处的有一个被命名为"海底世界"的山坳，在这里有时能够听到"嗡——轰！嗡——轰！嗡——轰"的自然奇响，似惊涛拍岸，又似浊浪排空。在不到 30 亩的小盆地中，由千百个大大小小的岩石构成了无数栩栩如生的海龟、海牛、海贝、海蛙等海洋生物形状，它们有着不同的姿态，有的如"海龟望月"，有的如"龟牛亲吻"，有的如"螃蟹上岸"，这些千姿百态、形神逼真的景致，就像神话一般，堪称世界一绝。

山顶到河床的石头，因为经过亿万年的风吹雨刷，边角都是圆的，独有一块边长近两米的方石，亿万年来静静地坐落在溪边，故被人称为"官印石"。近来，有许多人朝拜官印石，据说只要诚心祈祷，就能升官发财。

（3）林海汇万种诗音

客家人中的许多文人墨客总会将他们对于山的热爱用诗歌描写出来。"在距南海不远的地方，有一座神奇的山冈。乾隆年间立古碑，苏东坡作诗把她唱。群峰竞秀凌云霄，奇木异树满山冈。溪流淙淙水欢唱，岩风习习野花香。哎！哎！这就是七目嶂，哎！哎！美丽的地方。喧嚣中的一抔净土，怎能不令人神往！神往！神往！"这是由"快乐星河"演唱，由陈启鹏作词作曲的《美丽的七目嶂》，歌颂了七目嶂的典故和美丽景色。"乾隆年间立古碑"，说的是在七目嶂的双髻峰下，清代乾隆五十八年（1793）所立的禁山碑"奉宪永禁碑"，这块碑对于当今保护自然资源和生态环境仍有重要意义。"苏东坡作诗把她唱"，相传诗人苏东坡游七目嶂后，对七目嶂的秀丽景色赞不绝口，曾写下不朽诗作（《石马诗》）。此外，还有著名歌曲《传奇的七目嶂》，曾在第六届全国新创歌曲、歌词选拔活动中荣获二等奖，这首歌描写出了客家人对于这座山的热爱和自豪之情。

七目嶂的桫椤、石景、传说、诗词歌赋，或灵动，或安静，或豪放，正是这些奇妙景色，共同构成了客家人歌唱赞美的七目嶂风光画卷。正如《传奇的七目嶂》的歌词所写：群山滴翠色，鸟语送花香。林深如海挺涛声，恰是天籁乐音在回荡。

2. 皇佑林海：皇佑笔

飞鸿过影千行草，舞鹤真形百丈松。
钟毓有灵才不忝，文章锦绣喜罗胸。

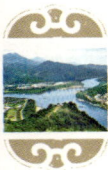

刘伯芙《蕉阳文峰插汉》中的这两句诗正是对皇佑笔的人杰地灵的真实写照。皇佑笔自然保护区，又名"皇佑林海"，位于梅州市蕉岭城东北部山区，是北礤、南礤、文福三镇边沿的皇佑笔下，面积1466.7公顷，森林蓄积量为7万立方米，区内辖皇佑笔林场，为梅州市市级自然保护区。

皇佑笔（梅州日报社提供）

（1）匠心造出皇佑景

　　皇佑笔自然保护区群山起伏、沟壑纵横、气候宜人、环境优美，清新的空气、纯净的水源、品种多样的山果野菜、种类繁多的生物品种，已成为集野营、登山、观赏、探险、狩猎、垂钓、摄影等森林旅游胜地。

　　其生物自然景观丰富多彩，缤纷多样。区内植物群落结构层次明显，附生植物较多，有保存完好的常绿阔叶林1066公顷，有维管束植物123科398种，有国家一级保护植物桫椤，二级保护植物百年巨型禾雀花，三级保护植物半枫荷、金毛狗等。野生动物资源有国家一级保护动物云豹、蟒蛇、熊猴，二级保护动物穿山甲、猴面鹰、大灵猫、灵猫等。区内植被繁茂，种类繁多，保存有大面积常绿阔叶林，植被外貌终年常绿，森林群落结构层次分明。生态优美的皇佑林海中，空气清新，水质纯净。登上金山笔，极目四望，茫茫林海，松涛滚滚，涛声不绝，好似奏出一部雄壮的大型交响曲，成为人们认识大自然、拥抱大自然的旅游观光好去处，每年有3万多人次游客来此旅游观光。

客家文化丛书

二 梅州山与山文化

（2）皇佑禾雀展翅飞

皇佑林海中给人印象最深的要数禾雀花，它有五瓣，多为白色，也有粉色、紫色，甚至紫黑色，盛开时如小鸟振翅欲飞，因其形肖似禾雀而得名。白色禾雀花被采摘后两三个小时就会变成褐色，更像禾雀。如果不小心损伤了花瓣，便有像鲜血一样的红色汁液流出，因此被世人称奇，且闻名中外。每年3月至4月下旬禾雀开花时，繁花似锦，漫山遍野，气势磅礴。犹如千万只禾雀，展翅高飞，给人一种气势磅礴的视觉感受，颇具观赏价值。

禾雀花开（蕉岭旅游局提供）

皇佑佛根（蕉岭旅游局提供）

（3）皇佑佛根藏圣骨

佛根，其实是一株羽落杉长出的地根，当地人以之为奇，便供奉起来。皇佑笔的奇观——皇佑佛根，位于皇佑庵旁。这里有一株高28米的落羽杉，树下寸草不生，却有100多个奇异的树根拔地而起，像佛，神态不一，气象峥嵘。关于这皇佑佛根，有个传说："文革""破四旧"时，庵中佛像被人损毁弃于庵侧的泥地。后来有人在该地种下两株落羽杉，只成活了这一株"佛主树"。"佛根"面世后传说

为庵中"佛像"的化身。曾听说有对恋人割取一尊"佛根"，想在家中供奉，在回来的路上，两人肚子疼痛，四处就医无效。经人指点后将"佛根"葬回原处，烧香三日，病才有所好转。因此，佛像化身之说相传愈来愈广。蕉岭境内此树还有许多处，然而并没有出现"佛根"，因此，皇佑庵"佛根"独特神奇，吸引了不少好奇游客前来观瞻。

山高林密，登上山顶，只见群山巍峨，层峦叠嶂。皇佑笔的高峰直插云霄，象征着客家人做人做事顶天立地的气概，皇佑笔是对客家人风骨的敬佩，以此来鼓励后人，使得客家人的生活蒸蒸日上。而高峰坐落在寂静的林海里，也彰显着客家人即使居住在山林之中，也能骄傲地生存下去。

3. 绿色明珠：丰溪林场

松涛列翠竹瀚海，碧潭春暖水龙吟。

何处撩人舒望眼，最关情是丰溪林。

魏少彬在《春游丰溪》中描写了丰溪的青翠撩人，这就是著名的丰溪林场。

丰溪林海（大埔旅游局提供）

丰溪林场位于梅州大埔县北部，距县城 48 千米，东部与福建省永定县毗邻，距永定县城只有 15 千米，区内峰峦叠嶂，风光秀丽，气候宜人，秀峰倚天，景色瑰丽。站在山顶极目远眺，群山起伏，云蒸霞蔚，大埔、永定、龙岩、梅州等周边城市尽收眼底。1984年，丰溪林场被评为省级自然保护区，1996年，又被评为省级森林公园。丰溪林场中珍稀动植物种非常丰富，素有粤东"绿色明珠"、"森林海洋"之称。

（1）山野林海现本色

丰溪山林的清幽、绿意、悠远以及丰富的野生动植物资源，无不让人觉得野味十足！这里有原始次生林，有植物3000多种，森林覆盖率为97%。其中，国家一级保护野生植物有桫椤，濒临绝种属于国家二级保护植物有观光木、伯乐树、粘木等珍贵树种，国家三级保护植物有白桂木、巴戟等稀有物种，还有一些罕见的紫树、百年老藤、禾雀花、小叶红豆、马足荷等植物。中草药资源也相当丰富，有黄花倒水莲、五指毛桃、七叶一枝花、金银花、蜂窝草、灵芝等20多种。野生果不下10种，以富含维生素而闻名世界的果王猕猴桃为最。正是由于这里的绿意幽野，野生动物才有一个栖息繁衍的良好生态环境，区内有珍稀动物160多种。常有国家二级保护动物金钱豹、云豹出没，偶有国家一级保护动物华南虎出没，常见扑食的灵猫、嬉戏的猕猴、突然窜出来的苏门羚、过涧蟒蛇、遁地的穿山甲、趴树的虎纹蛙、追逐的松鼠、扑棱棱的白鹇、蛇雕、小隼、小灵猫、大灵猫、金猫等。

（2）翠绿竹海韵味长

丰溪竹林（大埔旅游局提供）

丰溪林海给人留下印象最深的莫过于竹海了，可以说是"叠石流泉，茂林修竹"。竹子的叶和茎都是翠绿色的，生机勃勃、翠色欲滴，

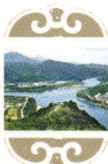

别有一番韵味。"咬定青山不放松，立根原在破岩中。千磨万击还坚劲，任尔东西南北风。"这是竹的精神，同时也是客家人、丰溪人的精神，这里的每个人都像竹子一样团结和坚强。

（3）丰溪石奇甲一方

丰溪自然保护区拥有众多高品位奇特石头，给丰溪披上了一层神秘的色彩。在满山的坡面上，到处散落着大量的怪形石头，有的横卧，有的直立；有的重达十余吨，有的一人就可以搬走；有的形如走兽，有的状如物体。这里有窈窕淑女般的女形石；有鹰击长空的老鹰石，有身披战甲的乌龟石，有威风凛凛的雄狮石，也有古老神秘的古树化石等等。

（4）谷狭奇险神行会

峡谷探险区内山高路陡，古树参天，野藤盘根错节，两山对峙，悬崖峭壁，抬头望天，天成一线。山崖险峻，又有流水从山崖顶端直泻峡谷，就像是垂帘一样悬挂在山间，飞流声若银瓶乍裂，水浆迸溅，谷中还夹杂着各种鸟类的鸣唱，犹如天籁。沿溪流攀登而上，有惊无险，是寻幽探险吸氧的好去处。攀到将近山顶，便可观赏到原始次生林郁郁葱葱、雄奇自然的景色。

（5）水跃千里锁仙境

丰溪繁茂的植被孕育了数处山泉、溪流，再加上陡峭的山势，便在多处形成壮丽的瀑布，动感十足，就像是一条条白色的链条锁住这壮丽美景，更为丰溪增添了灵气和活力。有百米叠瀑、高峡平湖，飞瀑急倾，有的瀑布绕山石而相逢，水流横冲直撞，击石起浪，旋涡重重，水花朵朵，如珍珠般晶莹透亮，像淘气的孩子般欢乐地跳跃，在微风的抚摸下，水雾朦胧，构成一幅幅宁静优美、自然流畅的风景画卷，真有透心凉的快感。炎热的夏季，游人可在清澈见底的小溪里戏水、游泳，别有一番情趣，不仅可以享受到泉水冰凉的刺激，而且还能听到仙女潭神奇的传说，人们名之为"仙女洗澡盆"，它位于丰溪林场不远处的幽谷中，传说天上七仙女常在此沐浴。这里水流时急时缓，溪水在谷底聚成小潭，与旁边参天大树的倒影相互衬托，碧绿得就像一块流动的"绿宝石"，在阳光的照射下，波光粼粼。哗哗的溪流声、叽叽喳喳的鸟叫声、风吹树林的呼呼声，奏出大自然奇妙的交响曲，身临其间，仿佛置身于仙境。

（6）千载人勤著岭南

进入丰溪自然保护区会看到颇具林区特色的竹篱笆、竹板屋及客家村落星罗棋布、错落有致，勾画出一幅恬静、优美的"山居图"。人与山的关系日益密切，丰溪人民充分利用当地丰富的自然资源和人文资源，发展和山有关的产业，体现了山区人们靠山吃山的思想。林场以经营竹、木产品，中草药，造纸加工，运输业为主。人们给林场增添了新的景色，以及愉快的劳动歌声。

人们不仅取宝，也作科学研究，使林海不但能够万古长青，而且百计千方，综合利用。广东中科天元新能源科技有限公司充分利用丰溪自然保护区丰富的森林资源进行梯级开发利用，打造丰溪自然保护区生态旅游景观。项目投资包括建设四星级生态旅游酒店，1000亩以上的猴子养殖场，野生灵芝科研、培育、销售综合开发项目，500亩的名贵树苗种植基地，原始森林狩猎俱乐部，综合性的森林资源研发中心等。这说明人们意识到人与自然必须和谐相处，要在保护中开发，在开发中保护，共同建设和谐家园，体现了自然景观和人文景观的和谐结合。

丰溪，步入其中只感空气清新、鸟语花香，似天然氧吧，又如世外桃源。沿途茂密的竹林，清澈的山涧，不时可见悬瀑跌宕、幽潭曲转、山花烂漫、竹木苍翠，让人暂时忘却所有烦忧，荡涤心灵的尘埃。

4. 寻幽访古：双髻山

双峰似髻总撩云，古刹千年山野中。
翠竹清泉峰涧驻，婵鸣鸟语尽山魂。

这首诗所写的是湖山老八景的"双髻撩云"，勾勒出一幅超然脱俗、世外桃源的美丽景色。诗中描写的双髻山位于梅州市大埔县境内，海拔668米，因山顶双峰耸立，形似古代妇女的发髻而得名，是大埔名山之一。双髻山峰高林立、竹海幽径、蕉林松风、幽泉清澈、怪石遍布，古刹星罗其中。1994年，它被批准为省级森林公园。

双髻山山门（大埔旅游局提供）

（1）髻撩悠云　光戏雾雪

双髻山双峰如髻，左略高于右，非常形象。一峰双髻高耸，直插云天。湖山老八景的"双髻撩云"，勾勒出一幅超然脱俗、世外桃源的美丽景色。山腰的小片森林，古木参天，水流淙淙，奇石遍布，空气清新，鸟语花香。登上主峰，东望湖山，县城全貌尽收眼底。四周群山皆在脚下，真有"会当凌绝顶，一览众山小"的感慨！在春秋雾季，浓雾只笼罩着半山之下的群山，茫茫雾海，波澜壮阔，汹涌澎湃。红日喷薄而出的瞬间美景使人赞叹不已。严冬又是另一番美景：满山的霜冰，白雪皑皑，晶莹剔透，熠熠闪光，让人联想起"北国风光，万里雪飘"的美丽景色，在阳光的照射下，银光熠熠，使人如置身梦幻仙境。

双髻丽影（曾焕雄　摄）

（2）青衣护卫　响鼓震天

山，离不开石头，双髻山也和许多山一样，有许多形态各异的石头。在山径两侧有两块巨石，浑圆厚重，宛如两个青衣护卫守护着山门，故因此而得名为"山门洞开"；山中有一处石室，可容百人；另一处石窟长千米，从入口到出口，游人可直立行走；又有一处"响鼓石"，上有一大石，重几百斤，似龟行，背朝下仰天翘起两端，人分开两腿轮流用力踩石，两端则撞击磐石发出震天巨响，可传数里，喻为"砰石"，有"不踩砰石未登双髻山"之说。

（3）祥云烟霭　瑞气朦胧

双髻山古寺庙宇众多，有依山傍水寺院——妙福寺、最古老寺庙——盘湖庵、高僧修道场所——灵觉寺、文人谈经论道之所——西华寺、茶果围绕之所——茶山寺，各寺内供有众多佛像，颇为灵验，引得周边村民相继来此，香火旺盛，晨钟暮鼓于山间回荡，给双髻山平添了一种神秘的色彩！人们置身此佳境中，人和山构成一幅画卷。

双髻山，给人的第一印象，也是最深刻的印象，是双髻撩云的美妙景象。双髻山，不愧是湖山老八景之一，是有众多神庙守护着的一座神山，体现了客家人对山的无比热爱和崇敬之情。

5. 峰高林深：王寿山

王寿山头石径斜，不知何处有仙家。

烟霞踏遍芒鞋破，一路春鸠啼落花。

抗元英雄蔡蒙吉在登王寿山时曾写下这首《游王寿山》，表达其对美景之陶醉。王寿山位于梅县区东北部，是梅县区第二高峰，海拔1148米。自古相传，站立山巅极目远眺，若是晴好天气，便可"上看汀州八角楼，下看潮州湘子桥"，将闽粤两省边境方圆数百里的无限风光尽收眼底。它于2000年被评为市级自然保护区，属花岗岩地貌，山势雄奇，风景壮观，素有"九峰十八景"的美誉，并以"石奇、林深、峰险"闻名。

王寿山云海（梅县区旅游局提供）

（1）云横绝顶积翠斑

> 寿山风景古来稀，朱武寒婆左右围。
> 岗甲日沉红一洞，天炉仙跃白云飞。
> 手持扬笔描星斗，直至棋盘决是非。
> 风髻下垂仙井饮，佛岩隆武咏如归。

　　宋代无名氏题写的《王寿山八景》惟妙惟肖地将王寿山的"八景"融合在一起。在顶峰棋盘石景区，可望见位于福建省永定县境内的千岛湖（即岗甲湖），该湖景是王寿山的一大特色，碧波万顷犹如一块巨大的翡翠镶嵌在崇山峻岭之中，与王寿山相互辉映，高峡出平湖，千岛卧碧波，湖光山色美不胜收。

　　王寿山连绵 20 多千米，半山以上保存着成片的原始热带雨林，物种丰富，其中植物有 266 个科 1986 种，昆虫有 128 个科 1341 种，国家级保护动物有 19 种，具有很高的科考研究价值。半山腰有一开阔处，保留着为数众多的古梅树、古桃树；景区的登山道旁，又有一条清澈的涧流，跌宕形成了多姿的瀑布群：时而在你脚下恣意倾泻；时而又只闻其声不见其踪；时而訇訇然震耳欲聋，时而又清脆如珠落玉盘，为游人演绎着一曲曲"高山流水"的古韵。

王寿山山体高大，峰高壑深，是"王寿山云海"、"仙人湖烟波"等变幻多彩的万千气象景观形成的原因。烟雨时节，拾级而上，一条条白练，从山脚裹至山顶，雾绕云涌，飞龙腾舞，如入仙境；晴朗晓晨，日破云涛，跃出重峦，流霞飞彩，美不胜收；夕阳西下，飞鸟归巢，千山幽静，令人遐思。由于海拔高，加之森林茂密，在严寒的冬季，山顶时有雪花飞舞，银装素裹，形成南方难得一见的美丽雪景。

（2）凭栏回首寿山史

王寿山就是大自然撰写的一部编年史，它如一位沧桑老者，痴情地守望这方宝地。在这藏风聚气之地不乏英才，为此宝地铺上了浓厚的人文历史色彩。

李士淳有诗《棋盘石》云："数着分明一局残，仙人曾此暂消闲；山僧不解盘中意，横卧苔矶听涧泉。"丘逢甲曾赋诗云"何处寒薇问首阳，名山竟遗落蛮荒，秋心瘦入诗人骨，箬笠峰头夕照黄"。又相传八仙曾云游到王寿山。有一回，铁拐李与吕洞宾在棋盘石对弈。铁拐李输了棋，一怒之下，挥杖把身旁巨石劈成了两半，此石至今仍耸立峰巅。在王寿山有两座千年古寺，一叫老庵，名华光寺，建于唐朝永贞年间，道士王岐在此寺隐迹修炼过；另一寺叫新庵，名祥光寺，建于宋朝。王寿山还颇富红色旅游资源，曾为三大革命时期闽粤赣边区的战略重地。革命年代，王寿山也是中国共产党人斗争的营地和据点。解放战争时期，这里成为闽西重要的革命根据地，在这里，打响了著名的"何家寨战役"，至今仍可看见游击队员当年所挖的炭窑和住过的地窖、地洞。

这座具有奇特自然景观、美妙而深赋哲理的民间传说，以及红色记忆的名山，不论是游湖、戏水、垂钓，还是登山、览胜、怀古都令人心旷神怡，流连忘返。

螳螂挂壁（梅县区旅游局提供）

6. 动植物园：龙文—黄田自然保护区

> 神州天，南国地。平远上举，峰峦峡谷翠。
> 百丈飞瀑天接水。雄狮拜佛，五福松苍劲。
> 山水情，晚来思。留守老人，结伴驱车看。
> 锦绣河山情万种，人文源远，古今相思豆。

　　王裕方在《苏幕遮·游平远上举相思谷》中描写了龙文—黄田自然保护区的自然锦绣风光。龙文—黄田自然保护区位于平远县中部，地处南岭山脉和武夷山脉交界地带，属低山丘陵地貌。该区面积8280.1公顷，森林覆盖率92.4%。2007年11月，它被广东省人民政府批准为省级自然保护区。

　　龙文—黄田自然保护区是野生动植物的温馨家园，有"粤东典型的亚热带动植物园"之称，被知名植物分类专家李秉滔教授誉为"物种宝库、粤东明珠"。

　　（1）峡瀑写壮美　红枫展柔情

　　漫步相思谷，十里峡谷，如诗如画；百丈瀑布，气势磅礴；红豆遍地，采撷相思；溪流湖畔，客舍农间。这是大自然的鬼斧神工，是一幅"春游飞瀑，夏来避暑，秋赏红叶，冬采相思"的立体山水人文画卷。

　　进入龙文相思谷，少了几分喧闹，多了几分凉意。只见苍山叠翠、溪流潺潺、古朴村寨、梯田峡谷，真实自然。沿着石阶蜿蜒前行，植物生机勃勃，一路泉水叮咚，绿树遮天蔽日，偶尔穿透的阳光，似乎在唤醒原野上古老的记忆。相思谷最美的景点要数瀑布，顺着曲径幽路去叩访瀑布，远远地就传来淙淙流水的召唤。这里是瀑布的世界，一条幽深的山谷扎堆着百丈礤、相思、青云、仙瀑、鸳鸯、龙甑潭等6个瀑布群。而6个瀑布群大小有别，各具特色，立足其间，听不到鸟鸣，听不到风声，只有流水的天籁之音。如果秋后来到相思谷，会发现这里色彩斑斓，片片枫叶红在绿色的林海里泛出异彩。如果说水赋予了相思谷灵气，红豆赋予了相思谷浪漫，那么古木绿韵使之更加神奇。"枫"情万种的千年古枫与长青不老的千年五福奇松隔溪相望，一幅万绿丛中片片红的山水画浑然天成。众多的百年古树、山村民居、梯田、峡谷、酒瓮石、红岩丈、寺庙等景点，还有为数不少的丹霞地貌景观散布在绿色海洋中，让人目不暇接。

（2）碧水环绿岛 奇葩栖良禽

"黄田碧水映青峰，紫霭轻飏幻彩虹。鱼欢鸟戏桃源里，客醉舟横入大同。"刘国浩描写的正是黄田水库风光。黄田水库湖面长6000米，最宽处2000米，正常蓄水4000多万立方米。黄田水库是一个环境幽雅的自然山水风景区，水常年泛绿，碧波粼粼，一泓绿水有如一块明镜，吞含蓝天祥云，环湖四周，群山拥抱，绿树满山，好一派湖光山色美景。据广州专家学者的科学考察发现，保护区内半枫荷自然群落和仙湖苏铁自然群落在省内都是罕见的。国家一级保护植物有仙湖苏铁、伯乐树等，还有苏铁蕨、桫椤、樟树、降香黄檀等10种国家二级保护野生植物。保护区内又有黑麂、梅花鹿、蟒蛇等国家一级保护动物7种，有鸳鸯、白鹇等国家二级保护动物25种，其中鸳鸯种群是省内最大的。移舟换景在青山绿水间，岸边的红叶，如彩云，似红霞，格外红，分外美，阳光和红叶交相辉映，奇妙的绚丽色彩使人遐思迩想。

龙文秋景（平远旅游局提供）

黄田水库（平远旅游局提供）

一景一世界，一物一风情。原生态的自然风光使人如入桃源，飘然之感油然而生。

7. 金城雄镇：镇山森林公园

漫山碧绿秀南天，馆舍园林紧依连。
翠竹桂梅相掩映，风情万种四时妍。

镇山国家森林公园原名镇山楼，位于蕉岭县城北端，始建于1985年，为蕉城八景之首的"金城雄镇"。其于2009年12月升格为国家森林公园，总面积2180公顷，森林覆盖率达93%。公园分成东区的生态功能区和西区的公园核心区。园内有美丽的森林景观、独特的地文景观和深厚的人文景观，已成为人们健身、休闲、观赏的理想场所。

镇山公园

（1）镇山绿意写春秋
镇山森林公园之美，首先在于满眼尽是绿意，气势磅礴的三峰突兀，处处都那么气度不凡，那么与众不同。公园的绿山、绿水、绿林、绿路、绿城等一同构成了富有特色的"风景画"。还有经典的"近景远山"的特色路段，给人一种神秘奇幻的绿色视觉享受；具有"绿、花、香、有益"特色元素的优良乡土阔叶树种和名贵树木，结构优化配置，这些都提高了森林公园的生态效益和观赏价值。
（2）香满田畴绿满坡
镇山森林公园之美，除了林海，就是那星星点点花园间的幽静与

神秘。徘徊于那些大大小小的各色花园中，顿觉香远益清，精神抖擞。在这柔软花香笼罩的公园内，草木花朵都错落有致，有桂花、红豆杉、蝴蝶果、杨梅、禾雀花等珍稀名贵树种和藤灌花木100多种；也有红竹、巨龙竹、黄金间碧竹、紫竹、斑竹、方竹等观赏竹130多种；还有"桂花园"、"梅花园"、"桃花园"、"杨梅园"、"松涛区"、"禾雀花观赏点"、"镇山亭园中园"、"百树园"和"百竹园"等9个功能景观。初春时节，公园内杏花竞相盛开，细嫩粉红、光艳鲜红，煞是好看。站在杏树下，让鲜红柔软的花瓣扑打面庞，是一件浪漫的事，吸引了许多市民和摄影爱好者纷纷到此观赏、摄影。

镇山公园一角

（3）先辈丰功昭日月

在东面山头上，有一座楼阁式的亭台建筑，是爱国志士丘逢甲纪念亭，亭中竖立着用巨型大理石篆刻丘逢甲光辉事迹的纪念碑文。正面匾额上写有"丘逢甲纪念亭"六个大字及"卷土重来，寝馈不曾忘祖籍；建亭永念，台湾终返慰精魂"的对联，为著名书法家秦咢生所题写，以纪念丘逢甲先生矢志不渝的爱国主义精神。丘逢甲陈列室内展出了丘逢甲抗日护台等生平事迹和各种遗物，还有各个时期出土的石器、陶器、青铜器以及传世书画等珍贵文物，可供游客参观。

园中绿树成荫，繁花似锦，争奇斗艳，溢彩流光。尤其引人注目的是新建于中部山巅的革命烈士纪念碑，碑体用大理石板块镶嵌而成，碑高19.98米，为梅州市目前最大的纪念碑，碑名由全国政协副主席叶选平所题写。碑记云："远望雄碑矗立，如英烈昂首，威彰桂

岭；近听松涛呼啸，似英烈长吼，势壮蕉阳。"146位烈士芳名篆刻碑上，数十具先烈遗骸安葬碑下。到此瞻仰雄碑，缅怀英烈业绩，令人肃然起敬。

革命烈士纪念碑（蕉岭旅游局提供）

镇山森林公园景色宜人，文化韵味浓厚，吸引了许多游客前来观光旅游。置身于公园，让人心旷神怡，绿色和五彩缤纷的花色世界，给人丰富多彩的视觉享受，加上园内漫山花香轻抚身心，真是个悠闲舒适的仙境啊！

（四）奇异独特的客家灵山

客家人对山有着独特的感情，这种感情，是生死不离山而衍生出来的一种情怀。在他们看来，山不仅在物质上满足了他们生活所需，更给予了他们精神上的灵气，造就了客家人的勤劳勇敢、崇文重教、淳朴团结、兼容创新的品质。珍贵出于山，平凡出于山，山的灵气赋予客家人丰厚的物质和精神成果。

神光山给了客家人崇文重教的精神力量，虎形山给了客家人培养龙翰凤雏的摇篮，狮象山给了客家人淳朴团结的宁静自在，铜鼓嶂给了客家人勤劳勇敢的精神基石。这些富有灵气的客家灵山，带给了客家地区许许多多的传奇故事。

1. 五彩祥光：神光山

> 出郊西南五里强，翰林留得读书堂，
> 漫漫古岫云烟薄，寂寂闲陂草树荒，
> 几点远村依野水，一间空殿锁斜阳，
> 山灵为我乡人问，更许何年会有光？

祝枝山在《游神光山》中描写了神光山的娴雅仙境。祝枝山是江南四大才子之一，明代正德十二年（1517），祝枝山曾任兴宁县知县，在游神光山时写下《游神光山》。诗中描写的神光山位于兴宁市郊，原福兴镇与刁坊镇交界地区，原有"南山"、"挂榜山"、"铁旗峰"之称，后相传宋天禧年间邑人罗孟郊（宋天圣八年探花，官至谏议大夫，翰林学士）梦见山神降五彩祥光助读，后人遂改为"神光山"。它2005年被国家林业局批准设立为"国家森林公园"，2009年被评为"国家3A旅游景区"，是"广东省森林生态旅游示范基地"、"梅州市文明旅游景区"。

神光山森林公园距兴宁市区3000米，面积674.6公顷，森林覆盖率92%，顶峰海拔360米，天然森林植被以亚热带常绿阔叶林和针阔叶混交林为主，区内群山环抱，立峻挺拔，土地肥沃，林木茂密，植被丰富，百鸟鸣唱，野趣浓郁，林相层次分明，参天大树散布其间，最高树龄达800～1000年，林木千姿百态，树冠枝披叶漫，苍郁古朴，浓荫蔽日。景区内现有各类植物共70科200余属1000多种，各种野生动物400多种。

神光山（梅州日报社提供）

神光山入口广场（何日胜提供）

神光山，山上林木参天，曲径通幽，古迹甚丰，为历代文人墨客

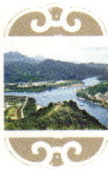

畅游之地。屹立于宁江河畔，三峰并立。四时雾气缭绕，满山林木，苍翠蔽日，山泉流水，留下许多美丽的传说。

（1）袅袅仙气锁神光

神光寺，原名"曹源寺"，是佛教临济宗横山堂支流发祥地（开山祖师牧原和尚，俗名何南凤，石马人）。它建于北宋嘉祐三年（1058），1958年被毁，1987年按泰式寺庙建筑风格重新修建。新神光寺占地面积8000平方米，建筑面积2050平方米，寺内有天王殿、大雄宝殿、藏经阁、观音殿、地藏殿。大雄宝殿内设有五百罗汉，四周墙上还有释迦牟尼成佛的如来磁画，十分华丽壮观，令人看了不禁称叹。

在神光山西边山口，迈步117级石级而上，可见到一棵千年古榕和一座古茶亭，旁边原有一个巨石，即为"石古大王"。相传石古大王为兴宁古代的一位民族英雄，因保家卫国有功，被尊为神。后人为纪念这位英雄，在巨石旁边设有神坛和行宫。在坛上方有一横匾，书有漆金大字"岩固天全"，这四个字可拆写为"山口一人，石古大王"。

神光山佛教文化园（何日胜提供）

（2）墨池书院紫薇香

在神光山东边山坳里的墨池寺边有口石泉，泉水自石间涌出，长流不息，泉水清澈纯净而无杂质，水味甘甜。据明朝所编《正德兴宁志》，宋学士罗孟郊少年时便读书于此，常在泉边临池习书，池中洗

O59

砚，水尽墨色，因而得名墨池。罗孟郊刻苦攻读，高中探花，封为学士。后人为纪念他并激励后辈，在墨池旁边建了一探花祠，后改为探花书院。

在墨池和探花书院边有一座古老的寺庙——墨池寺。墨池寺中有广东最大的千手千眼观音佛像，落成的大雄宝殿内有五百罗汉雕像。两处佛像的雕塑栩栩如生，雄伟壮观，每日游客络绎不断。

神光山是兴宁市历史文化积淀最深厚的地方，为历代文人墨客畅游之地，已有一千多年的历史。北宋著名宰相李纲，唐朝赫赫有名的宦官仇士良，才子祝枝山，中国佛教横山堂派创始人何南凤，清朝客家著名诗人胡曦，以及现代的周恩来、蒋介石、何香凝、赖颂祺、卢惊涛、蓝胜青等名人均与神光山有着密切联系。

（3）灵光普照佑齐昌

神光山是兴宁盆地边上的一处丘陵，最高峰位于公园中北部，海拔356.3米，山虽不高，但因公园周围相对平坦，奇峰凸现，仍显得山体雄伟壮观。登上神光山顶，四周环境优越，视野开阔，可尽览兴宁城市风貌和周围的山村田园风光及公园内的大部分区域。灵光普照整个兴宁市。公园内有常见的气象景观，如日月星辰、朝夕红霞、风雨阴晴等，还有比较有特色的季节变化类，如云雾景观类、自然声象类等。

造物者无他心，只管给你一个完整的世界。只是众生万相命运迥异，造就了形形色色的"物皆着我色彩"。神光山造就许多成功者，它的灵气给人们带来向往和追求，也使当地人以此为傲，并积极向上以不负神光山对他们的眷顾。神光山麓凝翠一方，一片清幽，一副自开自落的样子。

2. 雁上巨虎：虎形山

虎形山下毓人龙，豪气干云赤县崇。

纾国亲民彰大志，除奸扫恶角群雄。

伸张正义擎天汉，力挽狂澜盖世功。

"四害"收擒凭妙策，客都一叶万年红。

肖绍彬在《叶帅纪念园》中描写了叶剑英纪念园，站在雁洋最高的五指峰上往下看，可望见两条白练般的长河环抱着一座椭圆的山，而山形似一伏卧休憩的巨虎，故名虎形山。在潮汕谚语中，有这么一句话："潮州一支梅，梅州一只虎，海丰一粒螺，潮州三点桃，海丰向天螺，陆丰公背婆。"其中"梅州一只虎"所指就是虎形山——叶剑英元帅的故乡。

（1）天假鸿缘论虎踞　地占雁里看龙飞

600年前，叶氏俊华、俊贤两公从松源迁往雁洋中心地带虎形村，俊华公祠（后裔将祠更名为清慎公祠）居左，俗称上虎形，俊贤公祠居右，俗称下虎形，历代子孙继承祖宗遗志，以勤劳勇敢、艰苦创业精神，披荆斩棘，把昔日一片荒凉的山沟开发成美丽富饶的村庄。叶氏家族在漫长的发展路程中，不单为自己生存而努力，更为国家民族存亡英勇奋斗，涌现出一批又一批英雄志士。现代最杰出的俊贤公十七世孙宜伟（字剑英），是我们党、国家和军队的卓越领导人，父子两代皆是国家栋梁，还有在北伐及民革时期追随孙中山先生革命乃至抗日战争时期的宜慎、法无、勤书、儒涛、伟东、幼眉、鹏开等八位将军和政界名人。而今随着美丽乡村建设的发展，村民生活水平日益提高，本科生、硕士生、博士生逐年增加，民风道德、文化素质也随着奔小康普遍提高。今日的虎形村已是绿树婆娑、鸟语花香、环境优雅的新村庄。

（2）福门出将帅　智者谱春秋

1897年4月28日，叶剑英生于广东省梅县雁洋堡下虎形村一个小商人家庭。叶剑英元帅是杰出的革命家、政治家、军事家，中华人民共和国开国领导人，中国人民解放军的创建者之一。"诸葛一生唯谨慎，吕端大事不糊涂"是毛泽东主席对他的评价。叶剑英元帅一生戎马，为国奔波劳碌，其一生经历了旧民主主义革命、新民主主义革命、社会主义革命和建设三个历史阶段。他由一个正直的民主主义者转变为彻底的共产主义者，在漫

叶帅雕像

长的充满艰难险阻的革命道路上，在复杂斗争的转折关头，面临危难，无私无畏，表现了非凡的革命胆略，为中国人民的解放事业和社会主义建设事业奉献了毕生精力，建立了丰功伟绩。他盛德若愚，雄才经纶，谦虚谨慎，风范长存。"矢志共产宏图业，为花欣作落泥红"概括了他光辉的一生。

（3）剑气光芒冲北斗　英名赫赫耀人寰

叶剑英纪念园于 2004 年筹建，2007 年正式开园，是全国红色旅游经典景区、全国爱国主义教育示范基地、全国 4A 级景区。景区复原叶帅在革命历程中战斗、生活的场景，成为展示中国革命史的缩影，集红色文化、军旅文化、客家文化于一体。虎形村山环水绕的乡村场景蕴含着深刻的客家文化内涵，客家古民居建筑与新农村建筑交相辉映，客家民居的古朴典雅与新村的现代舒适成为宜居乡村的典范。虎形村以叶剑英纪念园为依托，以美丽乡村景观为载体，彰显着虎形村叶剑英名人文化和客家乡村宜居文化。

叶剑英纪念馆

3. 狮象水口：狮象山

狮象守水口，富贵可定；
日月守水口，王侯公卿。

发源于松口横西村的三溪汇合在石子塘处，有两座小山，南北相对峙，一座似雄狮居高临下，一座似大象伸鼻饮水，石子塘溪水绕过象鼻向东流入梅江，象鼻如一道堤坝把住水口，形象逼真，自古以来被称为"狮象保门"景观。

狮象保门

（1）狮象把水口　识得珠中穴

叶剑英父亲的墓地"裕华墓"坐落在狮山上，整个地势犹如一张太师椅，这张"太师椅"坐北朝南，四平八稳地端坐着。南方正对着"象山"顶一条平坦的"背脊"，就像一张长长的案桌；"案桌"的前方又有一座圆锥形的土丘，露出在象山背上，宛如放在案桌上的一顶官帽；全景活灵活现、栩栩如生，宛如一幅将军的厅堂上的摆设布置一样。

（2）生平心事同天地　繁华邑屋尽萧条

少年时期的叶剑英，跟随其父亲到横西村做生意，叶剑英在这里帮父母喂猪，卖"仙人粄"。在村头的大榕树下，听来往的大人们谈古论今，为少年的叶剑英营造了另一个"大课堂"。他在这里听过"三国"、"西游记"、"封神榜"、"岳母刺字"、"八仙过海"等故事，也听过"长毛造反"的民间传说和孙中山革命的消息。叶剑英元帅少年时代在此生活，留下了他当年就读的钟傲泉私塾——孔圣棚、父辈做生意的协益店铺、横西小学旧址以及古榕码头等古迹。

（3）盘活山水资源　农旅结合致富

横西村盘活"山水"资源，采取"村民土地入股，企业定期分红"的形式，引进梅州市盛通科技有限公司，租用该村1000公顷山地，打造恒溪生态园，山上种植金花茶、沉香、铁刀木、印度辣木等名贵花木，山下种植金柚。拟建成集农业活动、自然风光、科技示范、休闲娱乐、环境保护等为一体的农业生态园。在山色水光中品茗休闲，享受大自然的清新雅趣，是都市人寻求清静，享受慢生活的首选之地。

4. 粤东首峰：铜鼓嶂

> 崔巍铜鼓壮诗心，云海苍茫入望沉。
> 万古天工多绝艺，百年豪杰几登临。
> 飞岩看日江洋近，削壁餐霞草木深。
> 欲趁秋风凌绝顶，好凭寥廓寄微吟。

李雪平在这首《咏铜鼓嶂》中描写的是粤东第一高峰铜鼓嶂。

铜鼓嶂位于梅州市丰顺县砂田镇，为莲花山脉主峰，因其峰顶平阔，浑圆似鼓得名，方圆百余里，山体庞大，层峦叠嶂，厚实雄浑，在整个华南丘陵中显得特别雄伟壮观，与潮州凤凰髻、梅州阴那山的五指峰形成"三峰鼎立"之势。1999 年，它被评为市级自然保护区。

（1）群山齐拱伏　造物功无穷

铜鼓嶂峰顶平阔，约有数亩宽的平地。拂晓时置身峰顶，守候"云海浮金"，披霞挂彩，令人神往！即便天气阴霾，咫尺不辨，云遮雾罩，变幻无穷，亦有别样感受。站立峰巅，若天气晴朗，极目远眺，沟壑纵横，群山起伏，梅江、韩江宛如素练飘向东南，梅州、潮州风光无限！

从铜鼓嶂峰顶而下约海拔 1200 米处有一大草坪，约有千亩，地势平坦，花草丰茂。大草坪中间，泉水涓涓汇入，形成天然湖泊。湖水清冽透明，波光潋滟，观之神清气爽。

铜鼓嶂（梅州日报社提供）

因其下有铜锣村，故乡人称此湖为"铜锣湖"。此湖遇百年大旱，其水亦不干涸。若遇多雨年份，茫茫荡荡，周围山峰，宛若岛屿，有"水浸铜鼓顶"之传闻。铜鼓嶂山腰有巨瀑，流水从几百米悬崖峭壁倾泻而下，汇成一潭，其水碧绿清澈，潭边多异木奇花，人称瀑为"七情磜瀑"，称潭为"鸳鸯潭"。山之高而润泽，钟灵毓秀，造物者不负人，功巍巍矣！

（2）林丰草茂密　瑰宝隐其中

铜鼓嶂风光秀丽，物产丰饶，如屏似嶂的百里峰峦，绿树披翠，竹木成林，植物种类复杂多样，是观光游览和植物学教学的理想基地。一片片常绿的高山植物，人谓"铜鼓青"，浓荫蔽日。密林深处寒兰丛生，有叶艺、花艺、奇香等品种。最近，学者们在铜鼓嶂采集了石木姜子、象鼻藤、光果悬钩子、微花连蕊茶和珠芽蟹甲草 5 种广东省新记录植物，标本存放于华南农业大学林学院。除竹木外，铜鼓嶂物产还有香菇、木耳、草药、蜂蜜、茶叶、鱼虾、香螺、石蛙等。民谣唱道："铜鼓嶂，三面宝，一面黄连与甘草。"

（3）远上铜鼓石径斜　白云深处有客家

铜鼓嶂属莲花山脉断裂带，具有千姿百态的奇石景观，最具形象的是"玉石佛手"，在铜鼓嶂半山腰，岩石表面平滑，裂纹沿垂直节理发育，风化、剥蚀成手指状，传说是雷神将军留下的手掌；"仙人取宝"，在铜鼓峰 1400 米的山坡上，数石并立，能看清仙人正在向石橱栩栩如生的取宝动作，传说此处是"金山银山"，仙人也留下脚步在此取宝；即将登至山顶时，有金龟前来热情接待游人，谓之"金龟下山"，乡人谓摸它一下赐平安健康，摸两下赐升官发财；攀登铜鼓嶂必经的一条羊肠小路"牛颈筋"，峭壁千寻，深渊万丈，似峨眉山的金顶，故称之为"小峨眉山"，令人惊心动魄而兴趣盎然。

铜鼓嶂最具有特色的是"高山客家围龙屋"，它位于海拔 1100 米的铜锣湖上，是粤东海拔最高的围龙屋，已有 300 年的历史，它依山傍水，因自然之势而造，以石为墙，别具风格。此外，在海拔约 1000 米处的"孩儿坐栏"村落也颇具特色，浓荫环绕，十几座民舍一字形排开，屋前有一大片水田，形成坐栏形状。这里古木成林，流水欢唱，小鸟啁啾，石蛙弹琴，是人与自然和谐相处的胜地、梦中的桃源村落。在铜鼓嶂山岭之间，散布着二三十个自然客家村落，居住着数以千计的村民。他们依山傍水而居，日出而作，日落而息，耕读传家，民居建筑和生活习俗保留着中原古韵。这既体现了在此灵山之中，客家人不畏生活环境的恶劣，繁衍生息，也体现了客家人的顽强精神及和自然融为一体的风情。

高山客家围龙屋（何日胜　摄）

（4）客家儿女多奇志　敢为人先立伟功

铜鼓嶂历尽沧桑，见证了中国近代史上农民革命运动悲壮的一幕。明嘉靖三十七年（1558），祖籍大埔百侯南山的张琏领导农民起义，以铜鼓嶂为重要根据地，明嘉靖年间领导了震撼闽、粤、赣三省的农民起义，嘉靖三十九年（1560）称帝，国号飞龙。据考证，太平天国余部当年驻扎铜鼓嶂时，队伍以营为单位，宽阔平坦的盆地则是太平军驯马的场地，旗头营、中营、尾营、教打坪、走马坪等都是太平军驻扎的历史印记。

铜鼓嶂是大革命时期赤卫队、游击队的根据地。山下的胜坑、李子坪一带方圆数十里，曾建立苏维埃区、乡政权。铜鼓嶂也是解放战争时期中国人民解放军闽粤赣边纵队的重要根据地。山下砂田镇岳坑村有该纵队一支队司令部旧址，属县级文物保护单位。

风景秀丽的山景，环绕的云雾像千条洁白裙带牵动着游观者的情思；哗哗的瀑布撞击峭壁的响声，又使游观者好似听到一曲优美动听的交响曲，让人流连忘返。在这里，你仿佛能听见旧时战争的号角在吹响，感受革命烈士奋不顾身的精神。

5. 金鸡报安：鸡鸣山

一峰飞峙白云边，陡峭盘龙十八旋。

仙犬闻声迎雅士，金鸡报晓唤青天。

慈航化法荫三界，古寺红棉缀大千。

映读神光终不负，人文荟萃壮坤乾。

李小星在这首《三游鸡鸣山》中描写的是兴宁市著名的古八景之一（鸡鸣春晓开窗牖）鸡鸣山。鸡鸣山原名鸡灵山，位于兴宁市永和镇锦洞乡与新圩镇双头村交界地方，海拔 537 米，周围群山环抱，一峰独耸。

（1）记得昔年鸡喔喔　隔山遥和读书声

相传宋代书生罗孟郊夜读神光山墨池，每当拂晓之时，耳闻鸡灵山有鸡鸣报晓，遂捧书苦读，十九岁之年，上京应试，高中探花，官至谏议大夫、翰林学士，故将鸡灵山改名为鸡鸣山。

鸡鸣春晓

（2）一峰飞峙白云边　陡峭盘龙十八旋

从 205 国道行约 6000 米，至鸡鸣山灵化寺山门。此门建于山脚，三塔四柱，气度非凡，门后高山就是鸡鸣山，隐约可见之山顶建筑乃灵化寺。驱车入得山门，沿路上行，山门在山坡之上，道路十分崎岖，需转 11 个急弯，方至山顶。山顶举目四望，但见周山低矮，层峦叠嶂，鸡鸣山一峰高耸，与兴宁神光山、宝山、龙川霍山遥遥相望，气魄雄伟。

（3）证道何人作仙佛　通灵此山出云泉

山顶灵化寺始建于明嘉靖四十年（1561），闻名遐迩，香火鼎盛。1984 年扩建以后，逐步完善附属建筑，美化环境，修筑公路，已具规模，成为粤东地区的重点寺院之一。灵化寺庙宇群建于鸡鸣山顶峰，依山而建，高低错落，通道迂回曲折。有庙堂八间二厅，红墙黄瓦，雕梁作栋，门联为"犬吠云中仙客到，鸡鸣山上日轮升"。近期新建多座庙堂，以文殊塔之规模最大，气派不凡。山顶有一清泉，泉水潺潺，清澈如镜，水质甘甜，鸡鸣山乃一峰独耸，有泉水冒出，甚是奇特，亦是造福一方。寺庙两侧，各立雄鸡及仙狗石雕。雄鸡石雕高约3米，坐向神光山，引颈昂头，状似报晓，意为报安，此石雕亦是鸡鸣山之标志。灵化寺后山，乃鸡鸣山制高点，林木茂密，蔽可遮阳，置有两方石桌石凳，坐立其中，望尽逶迤群山，淡闻睡莲清香，静听蝉鸣鸟叫，感受佛家清静，享风赏景，无欲无求，其喜洋洋者矣。

6. 长乐升平：狮雄山

> 长乐名缘长乐台，越王故址岂疑猜？
> 狮雄怀古空江去，宝塔擎天剑气回。
> 世纪升平兴梓邑，文章大块耀山隈。
> 碧波绿岸春潮漾，胜景千秋一壮哉！

甘容文在《狮雄山赋》中描写的狮雄山位于五华县华城镇东南约2000米处的塔岗村，地处岐江、潭江、乌陂河交汇处，北枕五华山，南临五华河，高157米，是由两个南低北高山冈组成的马鞍形独立山丘，总面积约25万平方米，东看似麒麟，西看似蹲狮，南看似卧象，北看似猛虎。

（1）狮塔犹悬明日月　千秋民俗古风存

狮雄山塔坐落在狮雄山南坡，塔始建于明朝万历四十年（1612），

狮雄古塔（罗迎新　摄）

1999年重修，属八角九层楼阁式砖塔，高35.5米，生铁铸葫芦塔刹，塔各层均开有拱形窗户通风采光，塔身内砌有143级螺旋式砖阶通往七层。此塔坚实浑厚，雄伟壮观，是梅州市颇负盛名的古塔。此塔建成后，"塔岗春涨"成为古长乐（今五华）

八景之一，塔内存两方修塔碑记。清代张铁珊曾为此塔题联云："山作屏，地作毡，月作灯，烟霞作楼阁，雷鼓风箫，长庆升平世界；塔为笔，天为纸，云为墨，河瀚为砚池，日圈星点，乐观大块文章。"塔岗醮会更是久负盛名，明、清两代，每逢中元节前后六天，在此举办山歌醮会。民国时期改为5年一醮会。每逢醮会，当地和邻县数万民众踊跃参加。狮雄山塔于1989年6月被列为广东省文物保护单位。1991年秋，五华县旅游公司拨专款修筑第七层外围眺望檐的铁栏杆，以保障游客安全。1997年5月遭到雷电重创，各层转角部位和檐饰损坏严重，1999年进行了抢救维修。同时在"狮肚"处修建附属工程"狮堂"一座，供人们参观。

（2）一座遗址溯秦时　长乐台荒引古思

狮雄山遗址发现于1982年，从1984年至2011年12月，广东省文物考古研究所对遗址进行过5次调查、发掘。第5次试掘，揭露面积500平方米，钻探面积50000平方米，并对五华河中游两岸10千米以内的山冈、河道、农田、沙厂等进行了地表踏勘，发现了东周、秦汉、唐宋、明清等4个时期的文化和自

狮雄山现秦汉建筑遗址

然遗存，以及秦汉时期的城址。专家认为，狮雄山秦汉遗址具有十分重大的学术研究价值和历史文化价值，特别为研究南越建国以前，赵佗经营龙川的历史提供了宝贵的材料。

走在被称为"赵佗故城"的狮雄山长乐台遗址上，可以尽情想象脚下土地承载的几千年风云变幻；登上雄伟壮观的狮雄山塔，可以在一览无遗的天地奇景中恣意畅想，你会被博大精深的长乐文化深深折服。

（五）绿色崛起的客家山庄

山，因势而变；水，因时而变。靠山吃山，念好"山字经"，是梅州山区人们致富的希望，也是红色土地实现绿色崛起的出路。近年来，

在全市耕山致富热潮中，形成了治山、治水、治穷，种地、种田、种富的良好氛围，开创了"营造绿水青山，发展金山银山"的发展新路。

打开山门迎客来、耕山致富靠生态，善于变资源优势为经济发展优势，在山水田地间"耕"景观、"种"旅游，不断引导传统农业向精致高效农业转变，打造了一批休闲农业与乡村旅游点，实现了生态效益和经济效益的双赢。"耕山"不只是种稻粮树果，还可以耕奇峰秀色。昔日无名的穷山村蜕变成"新生代"旅游景点，受到越来越多游客的热捧。围绕"一园两特带动一精"发展战略，抓龙头、扩基地、树品牌，因地制宜发展精致高效农业，农旅结合，耕山致富成效初显。雁南飞、雁鸣湖、西岩山、麓湖山、客天下，一座又一座休闲山庄在梅州的青山绿水间摇曳生姿，一场声势浩大而形式新颖的耕山致富大会战，正在嘉山梅水间打响。

1. 湖光山色：麓湖山文化产业园

麓湖山上白云飞，群峰环绕雁子回。
岭岭高低不一样，银球飘飘人忘归。

麓湖风光（麓湖山文化产业园提供）

麓湖山位于梅州市梅县区南口镇，背靠侨乡村，山麓有湖，谓之麓湖，此山因而名曰麓湖山。2003年广东新金基文化创意产业集团有限公司在此投资建设麓湖山文化产业园，占地400公顷。2009年麓湖山文化产业园批准为国家级文化产业园区，分为世界动漫创作基地、中华文化园、文化使者家园、麓湖山度假中心四大板块，多元化发展，旨在弘扬中华传统文化基础上凸显客家文化。现在的麓湖山文化产业园是集旅游、休闲、观赏及山体运动为一体的客家文化休闲胜地，是适应现代化生活的高级商务度假场所。

（1）湖光山色秀　水墨花丛中

沿着山路蜿蜒而上，翻过几道弯，崇山峻岭中藏着一个聚宝盆似

的世外桃源。百亩水面的麓湖，以泉为源，湖水碧绿，园区广种杏花、桂花、梅花等。放眼眺望，绿影碧波照晴空，层层涟漪伴风动。三月杏花盛开，娇艳似火，举目惊见。那一泓明镜似的湖水，那一抹葱茏的翠堤，堤外是绿草茵茵，水尽是峰峦叠翠。一片蓝天，晴朗明净地伸展在山巅。天光水影里，山岚微翠中，那层层叠叠的绿茵，多姿多彩的云朵，自由飞翔的百鸟，别具一格的建筑，构成了一幅天然的美图，如诗如画。

春赏杏花（麓湖山文化产业园提供）

（2）山水倚相成　挥杆品人生

麓湖山高尔夫球场结合地形顺山而建，球道、水域、沙坑自然而成，山光水色与起伏舒缓的球场完美结合在一起，跌宕起伏的丘陵地势，成就了麓湖山球场的独特魅力，是梅州首家达到国际锦标赛级标准的高尔夫球场，内建会所，格调雅致。2013 年，"麓湖挥杆"被评为"梅州十八景"之一。

球场就像一颗碧玉镶嵌在文化产业园中，与山丘果园森林巧妙地融为一体。在山环水绕跌宕起伏中挥杆踏翠，你可以饱览美丽的湖光山色，尽享高尔夫的乐趣和挑战。登高及远的舒畅豪放，穿越山脊沟壑的挑战，一马平川挥杆自如的惬意，临溪傍湖飞越山涧的惊险，你会感悟人生如打球，要专注、求精、放松、谦让，淡然面对得与失，生命之美丽在于享受过程。头顶碧空白云，脚踏青草绿地，眼含红花绿树，静听燕子轻鸣，挥动球杆共叙友情，同赏长天云卷云舒，慢看彩霞沉醉西山。那天边飘逸的彩云，晴空高悬的日月，扑面而来的清风，带着纤尘不染的洁净，美妙蕴聚的和谐，会使你恍悟这就是泰然处之的境界。

高尔夫球场（麓湖山文化产业园提供）

（3）由来荒岭无人问　而今业庶民富兴

麓湖山文化产业园致力于构建客都人文和自然生态大景区，打破传统耕山模式，打出了世界动漫主题乐园、中华文化园、文化使者家园、休闲度假系列等"组合拳"。

世界动漫主题乐园着力在创作中注入客家文化元素，名人名山、风土人情、童谣山歌、传奇典故等系列动画传承光大客家文化，展示客家深厚的历史文化底蕴。

中华文化园着力打造一个以"诗歌"为"经"线，以"风光"、"茶诗"、"情爱"、"诗酒"、"居住"为5条"纬"线，集休闲、娱乐、享受、教育、综合发展为一体的"中华诗词苑"。

文化使者家园是以中央文化管理干部学院的"国际文化使者家园"、"国家文化节节庆中心"、"国家文化干部之家"为依托，经营具有时代高度、国际视野和地方特色的国家级文化交流培训基地。

休闲度假系列以"五朝大酒店"为龙头，以"麓湖山庄"与"山地运动俱乐部"为两翼，集自然生态、绿色环保、休闲娱乐、山地运动、观光为一体的高水平综合配套服务中心。

麓湖山文化产业园以长远眼光、国际视野科学整合资源，大胆向山进军，开辟了黄金旅游片区，提升了梅州的品位。把毫不知名的荒山野岭建设成为山地绿洲、美丽景区，打造了"麓湖挥杆"运动休闲特色品牌，是科学耕山致富的一个成功典范。

2. 客家茶园：西岩山茶乡度假村

西竺高山享盛名，斯行方晓个中情。

佳茗香自天然出，日照云蒸品至精。

王伟怀在《盛名之谜》中表达了对西岩山及西岩山茶的赞叹之情。粤东奇峰西岩山，主峰海拔 1230 米，位于梅州市大埔县枫朗镇与潮州市饶平县交界处。西岩山天生丽质，久负盛名，早在清道光二年（1822），阮元修撰《广东通志》时，已将西岩山列为"名山胜景"。由大埔县西岩茶叶集团有限公司投资打造的西岩山茶乡度假村坐落于西岩山北麓，是集农业旅游、休闲度假于一体的旅游区，区内有万亩有机茶园，有奇石遍布、峰高林密的西岩山，有茶山别墅群、茶山宾馆、会议中心、茶叶加工厂（可亲身体验茶叶采摘、制作全过程）、茶山大观园、西竺寺、依岩寺、仙人桥、七星石、仙人打鼓和又一村等接待设施和景点，有幽泉、山涧、飞瀑，风光秀丽、景色宜人。

（1）山形神韵姿百态　怪石嶙峋境亦幽

西岩山天生丽质，久负盛名，清康熙年间进士杨之徐游览西岩山后曾写诗赞道："望到西岩不尽峰，连天翠色意何浓；一朝雷雨绕云起，却怪深山有伏龙。"登上凉亭，可远望邻近的平原、枫朗、百侯几个乡镇，一览众山小，美景尽收眼底。远处小河蜿蜒，公路盘旋，村庄错落有致，炊烟缭绕，茶果飘香。

"千山万壑路不定，迷花倚石自沉吟。"从西岩茶场起程到西岩山顶峰，途经之处，都是形态各异、神气活现的"石雕"，山内石景有七星石、棋盘石、鸡

西岩美景（西岩山茶乡度假村提供）

公石、神龟望日、石鼓、石床、石灶。奇石如鸡如龟，似鼓（用脚蹬之，发出咚咚响声），像床，像灶，生动逼真，显示出大自然奔放、不拘章法的非凡功夫。越往上爬，风景越美，真有"无限风光在险峰"的感慨。一路上有"小京城北坪"、"公鸡髻石"、"清泉石上流"、"西竺寺"、"天狗望月"、"七星石"、"仙人桥"、"仙人打鼓"、"仙人洞"、"仙人茶壶"等美景，让人目不暇接。

（2）喜茶喜居喜风光　利山利水利人民

西岩茶场自然生态条件优越，风景秀丽，空气洁净，方圆近百里无污染。山中常年云雾缭绕，林间清泉终年不断，泉水中含有益人体的多种矿物质，是原生态山泉水。山中土壤富含有机质，昼夜温差大，有利于茶叶自然芳香品质的形成。西岩山是中国最优质的乌龙茶产地之一，西竺牌西岩山茶是国家地理标志保护产品。西岩山盛产的乌龙茶以香、甘、清、滑、醇的特点和天然无污染多次荣获国际、国家金奖、银奖，名扬海内外。

西岩采茶（西岩山茶乡度假村提供）

走进西岩山茶乡别墅区"清心阁"凉亭，先来一杯香茶，听一首悠扬的采茶山歌，哼一曲乡间小调，体验真正的农家人苦中有乐的滋味。这里有一个叫"寻找机会"的景点，可各抒己见。对实景而言，三块石头垒起，中间有一棵小树挺拔而立，多么会寻找生存的机会。

勇创品牌，敢把小茶叶做成大产业；勤学苦干，成功容易却艰辛。这是客家人通过自己的双手在这里创造出的财富，体现出客家人不畏

艰难险阻、敢于拼搏和创新的高尚品质。同时，也让曾经荒凉的山坡绿意盎然，山泉的清澈甘甜孕育出独特的西岩山茶。另外，为本地提供众多的就业岗位，为村民的致富提供了坚实的保障。

3. 客家大观：客天下旅游产业园

天下客都，客天下喜迎天下客。

梦中家舍，家梦中欢聚梦中家。

这是第四届中华梅州"客天下杯"楹联大赛中优秀的楹联，是对客天下宗旨最恰当的诠释。客天下旅游产业园位于梅州市梅江区三角镇东升村圣人山麓，由原生态的自然山体和东升、泮坑、小密三大水库组成，占地面积 2000 公顷。客天下是集"吃、住、行、游、购、娱"和教育、科研、文化为一体的综合旅游产业园，并建有国家 4A级旅游景区——客天下景区、国家五星级旅游饭店——客天下国际大酒店、粤东最美丽的婚庆产业基地——客天下国际婚庆殿堂，以及高尚人文社区"客天下·圣山国际住区"。

客天下旅游产业园全貌（客天下旅游产业园提供）

（1）客乡光阴风骨传　家山新貌文明继

以"客家文化"为主题的有两大游览区：客天下广场、客家小镇。客天下广场占地 8 万平方米，汇集当今中国有名的艺术大师和客家文化研究学者创作与珍藏的艺术精品，是当前梅州规模最大、功能最新最全、文化价值最高的国际化广场。广场现有客天下标志塔、客家赋、客家墟日图、客家祠、大型雕塑群等景点，向人们展现了一个充满魅力的世界客家人共同的精神家园，传递了客家人崇文重教、自强不息、勇于拼搏的精神。客家小镇有百米客家迁徙图、刘沅声泥塑艺术长廊、谢志峰藏宋湘翰墨馆、盘古文化大观园、复古的客家建筑、特色的客家歌舞表演、纷繁多样的客家美食，无不展示着这座古朴的世界客都历久弥新的绝世风华，向人们展示了一幅原生态的客家风情画卷，文化浓郁，风情醇厚，是体验客家民风民俗的最佳去处。

客家小镇（客天下旅游产业园提供）

（2）佳偶良缘今朝合　客家山水梅花数

以"婚庆文化"为主题的国际婚庆殿堂，包含"I love you"广场、天使喷泉、丘比特之门、姻缘门、国际宴会中心、幸福里9号婚礼教堂等，是全国规模最大、能同时举办多种形式婚礼的婚庆文化基地，成为无数新人绝佳的婚礼目的地，是享誉世界最幸福最浪漫的国际婚礼胜地。

婚礼殿堂（客天下旅游产业园提供）

以"养生文化"为主题的休闲、游览区域有养生园、圣人谷郊野森林公园。圣人谷包括盘龙寨和盘凤寨，是粤东首个亚热带生态体验园，拥有丰富的原生态植被，自上而下错落有致地分布。在森林里观赏古树、花草、瀑布、顽石，聆听鸟鸣、溪水声，呼吸天然负氧离子，倾听自然、参悟生命，达到"天人合一"的境界。这里还有号称亚洲最大的百花园，其中以千亩杜鹃园和梅花园最为著名，春来时，漫山遍野万紫千红。梅花园种植一万多棵梅花，数十个品种。还有一棵300多年的古梅花寿星，树干深褐斑驳，梅枝疏密横斜、苍劲挺拔。梅花作为世界客都梅州的市花，更是体现了客家人坚强、敢于拼搏的精神。

（3）圣山名庄新天地　客家文化新风尚

在涉足房地产行业时，客天下同样坚持融合文化、生态、旅游等元素，开发的圣山国际居住区，不仅利用小区内的自然山水资源，使之成为居家的风景，还吸收西班牙风格的建筑和商业文化，以文化吸引人，丰富和充实了旅游休闲的内涵，走出了一条旅游与地产互动发展的路子。圣山国际居住区是梅州第一大盘、梅州首席豪宅社区、粤东第一生态家园，总建筑面积110余万平方米。客天下·圣山国际居住区容纳世界的奢华，呈现全球精英领袖人士的无上生活荣耀，成为全球客家人的骄傲与自豪！

客天下以其独特的艺术文化、婚庆文化、客家文化、旅游地产文化吸引着无数海内外游客纷至沓来，是全球客家人寻根问祖、礼仪朝圣及民俗活动胜地。随着景区开发建设的不断深入，客天下将以开放包容的心态、日新月异的风貌"融汇世界的客家、展示客家的世界"。

三　梅州水与水文化

粤闽赣边客家地区多山，水系格局皆因山势而成。南岭和武夷山脉带来的地势高差，塑造了粤闽赣边地区秀丽又不乏壮美的景观。这里属亚热带季风气候区，年均温 21℃，雨季长，多年平均降雨量达 1400 ~ 1800 毫米。太平洋上盛行的季风，为这里带来了丰沛的水汽。粤闽赣边客家地区北有赣江，东有闽江、韩江，西有东江。在这片并不宽广的土地上的河流，虽没有大江大河的恢弘气势，却水量丰富，与海河、松花江与辽河水系相比，其水量毫不逊色，如韩江，汇水面积虽不及海河的 15%，而水量已达海河的 85%。

梅州山系

梅州地处山地丘陵区，地形复杂，岭谷众多，河流溪涧纵横密布。站在大埔县三河镇三河坝，能够大体获悉梅州地表水系格局。在三河坝战役纪念碑下俯瞰三河小平地，汀江北来，与东来的梅潭河交汇，再汇入西来的梅江而成韩江。梅江干流及其支流五华河、宁江、程江、石窟河及松源河等流经五华县、兴宁市、梅县区、梅江区、平远县、蕉岭县及大埔县，而三江交汇后的韩江经丰顺县汇入潮汕平原，由此形成"河网密布，水系分布不对称"的总体特征。

梅州地域范围内，集雨面积在 100 平方千米以上的河流有 53 条之多，其中绝大部分属韩江水系，有 48 条，其他河流有 4 条属榕江水系，1 条属东江水系。在梅州境内集雨面积超 1000 平方千米的河流有 7 条，分别是韩江、五华河、宁江、石窟河、汀江、梅潭河和榕江北河。所以韩江水系是梅州地区最大的水系，覆盖了梅州 90% 以上的地域。

地域文化与水系关系密切，在交通不便利的古代，水是枢纽，是通道，而山是阻隔，所以江河沿途沟通无阻，反倒是不同的山头唱不同的歌。因此，有学者以此为据，将客家地区分为两大区，东江客家与韩江客家。客家学研究结果认为客家起源于秦汉时的东江龙川，秦汉驻军客居龙川后始有"客家人"的叫法。

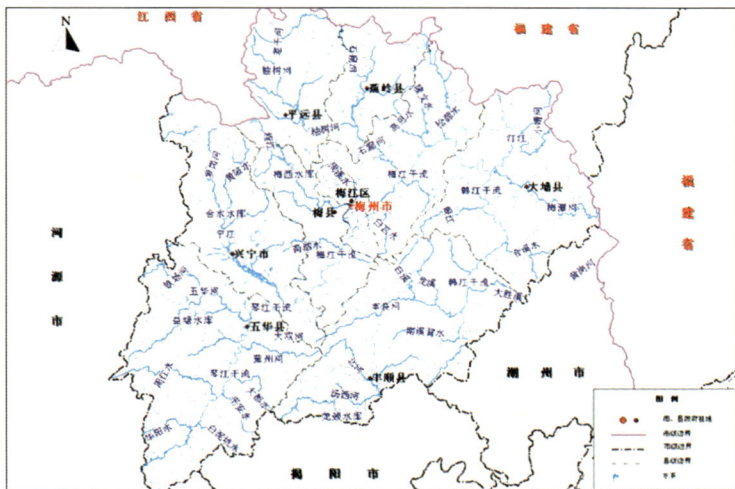

梅州水系（据梅州水利局资料）

唐宋时期是客家民系的孕育期，其集散中心、人文中心的代表性区域为赣南闽西北一带；元代是客家民系的成长期，其集散中心、人文中心则为古汀州八县；明清时期为客家民系的成熟期或定型期，当以古嘉应州所属的粤东为集散中心、人文中心，而梅江沿途和韩江上游地区恰是古嘉应州所辖地域。

在此过程中，北方人多从汀江和韩江进入岭南，韩江流域的梅州成为北方人进入广东的重要通道，为北方人在梅州地区的大量聚居创造了条件，因而人口剧增，积淀了深厚的文化底蕴，最终成为世界客家人的大本营。到了 20 世纪初，客家人又循韩江而下，过潮州，或沿海岸线迁往港澳，或远赴南洋。客家人的历史正是一部迁徙的历史，经历过战火纷飞，背井离乡，哀鸿遍野，又绝处逢生，这些江河串起了客家人的迁徙历史，串成了一条客家人的"血泪之路"。

韩江流域范围广泛，梅江和汀江均属韩江水系。梅州水景靓丽，以自然地理特征为基础，结合行政区划与客家历史人文的条件，下面主要介绍梅江、韩江、汀江水系流域的自然、人文景观。其中，梅江流域范围最广，涉及程江、琴江、五华河、宁江、石窟河、柚树河、差干河等。

（一）客家母亲河——汀江

"天下水皆东，唯汀独南。"汀江是福建闽西宁化流向广东梅州的一大河流，流经闽西、粤东两片客家聚居区，是联系闽粤的水上通道，它如玉带一样贯通了闽粤赣客家大本营，汀江孕育了客家人，因此，汀江一直被誉为"客家人的母亲河"。同时，汀江又是客家人南迁的重要通道。

汀江发源于福建武夷山南段东南一侧的宁化县治平乡境内木马山北坡，在福建境内流经长汀、武平、上杭、永定 4 县，在永定县峰市镇出境进入广东省，在广东省梅州市大埔县汇入漳溪水和梅潭河水，流至梅州市大埔县三河镇三河坝，与自西向东南流的梅江水汇合，后称韩江。所以，汀江是韩江的重要支流。

汀江流水人家

汀江全长 328 千米，大埔境内长 55 千米。汀江支流众多，福建境内的支流主要有濯田河、桃澜溪（又名小澜溪）、旧县河、黄潭河、永定河、金丰溪等 6 条，大埔境内的支流有小靖河、漳溪河、长治水、青峰水、坪沙水。汀江流域明显不对称，左岸多较大支流，右岸甚少，整个流域形状像一片芭蕉叶子，四周皆为山地，河流迂回曲折，上游泥沙冲积，下游滩多流急，河床变化复杂，上中游河床几乎多为沙、卵石质，下游河床质是卵石、岩石。上游长汀城关至中游上杭城关河道多是伸延小平原。中游及支流旧县河、黄潭河，因两岸森林密布，植被良好，河水清澈见底，江面宽阔，水流平稳。下游从上杭南郊至永定峰市，有 70 千米，落差 85 米，两岸山峰陡峻，危岩耸立，在大山深谷的压挤下，河床强烈下切，呈 V 形，航道狭窄，礁滩遍布，江水湍急，险滩达 40 余处，其中落差大于 3 米的险滩近 10 处。福建峰市至石市是闽粤两省交界地，全长只 7 千米，俗名"半山"，两岸石壁如削，河床狭窄，狼牙巨礁，林立棋布，流态紊乱，回旋飞溅，为千百年来的航运禁区。该段河道险滩重重，行船者有"纸船铁艄公"的说法。较为凶险的河滩有穿针滩、摺滩、吊滩和大沽滩等。江流进入广东境内后，河道豁然，水流舒缓，青溪等支流汇入使水量骤然丰盈，浩浩荡荡地长驱入海。清朝光绪年间进士、长汀人康引的《曼斋书稿》中有一首《汀江舟中作》：盈盈江水向南流，铁铸艄公纸作舟。三百滩头风浪恶，鹧鸪声里到潮州。

汀州因汀江的水运功能而形成。唐朝开元二十四年（736）正式在闽西增设汀州。南宋端平三年（1236），长汀知县宋慈开辟汀州至回龙段航道，使潮盐从回龙驳运至长汀。这样产自潮州的盐可由韩江、汀江直达汀州。汀江航运的繁荣，使赣南、汀州各地的货物源源不断地涌入汀州城与上杭城，在码头装船后运往梅县和潮汕地区；而潮盐等广货则逆行而上，运抵汀州码头后，再由陆路转运赣南。当时有俗语云"上河三千，下河八百"，指的就是上杭县城以上为上河，有船数千艘，县城以下为下河，有船数百艘。可见汀江在上杭回龙至峰市之间航运之盛，使汀江畔的上杭城成为赣闽粤边最大的货物集散地和经济贸易中心。由此可见，汀江是闽粤交通的大动脉，是闽粤赣客家地区人民赖以生存和繁衍的"水上运输线"，是海上丝路的重要延伸和组成部分。汀江"水上运输线"孕育了茶阳古镇、车龙古村落及其客家文化。

（1）茶阳古镇——汀流峰北古神泉　趁市鱼盐泊满川

从汀州入粤，首先与茶阳古镇相遇。茶阳古镇位于汀江下游河畔，大埔县北部，闽粤两省三县十二个乡镇的交界处，水陆交通便利，是一座具有光荣历史和浓郁人文气息的千年古镇，历来是粤闽边商贸集散地。据史料记载，公元413年为义招县，公元607年为万川县，自明朝嘉靖五年（1526）建立县制起，至1961年，为大埔县城。数百年来，茶阳为大埔县之别名，成了海外埔籍各界人士心目中大埔的代名词。经过千年积淀，茶阳古镇形成了具有深厚底蕴的客家人文资源，享有"文化之乡"、"华侨之乡"、"中国民间艺术之乡"、"中央苏区"美誉。

茶阳古镇（来源：大埔论坛，bbs.514200.com）

茶阳历史悠久，茶阳城区在唐称神泉，宋称茶山，明称茶阳。唐元和十四年（819），高僧潘了拳（法号惭愧祖师）见礤岗（今茶阳东门）山清水秀，遂居住于此地，凿井得泉，自命名神泉，此地遂名为神泉村，后在此建集市，名神泉市（今神泉街）。茶山得名于宋末，南宋末，有福建大盐商涂某，乘宋乱来神泉，盘踞茶山，筑垒聚众，号称涂寨，自封官为侍郎，收粮征税，于是茶山之名，称扬于众。茶阳名称源于明朝，《读史方舆纪要》记载：明嘉靖五年建立县制，因"署衙茶山之麓位南面北"，故称茶阳。

古邑名城，茶阳古镇，地处汀江尾韩江头，通洋海，有水上通行之利，上溯石市，下通潮汕。汀江乃韩江之上游，发源于福建省武夷山南麓宁化的木马山，经长汀、上杭、永定峰市流入大埔县青溪镇的石下坝，然后穿越茶阳、安乐至三河，与梅江、梅潭河汇合流入韩江。水路南下直达潮汕，为最便利之水道交通线。闽西物产如大豆、烟皮、

大米、土纸及竹木制品、柴炭等均由人力肩挑至茶阳再发运至粤各地，连城和上杭的杉木则利用汀江之水散放至茶阳，再捆成木排浮江直下潮汕，终年不息；潮汕运往闽西赣南的油、盐、海产、布匹百货也经茶阳中转，一批批闽粤赣物产在茶阳集装、起落、转运。码头上，白天人流不息，熙来攘往，夜里万家灯火，边贸繁荣。清乾隆《大埔县志》记载："神泉市，在县城北关外两里，神泉社滨河，集舟楫，列铺肆，鱼盐货物咸聚。""茶阳住在汀江边，北水南流到潮汕，一条船下载山货，一条船上载海鲜"，这首"客家山歌"是那时茶阳商贸繁荣、渐成市衢的真实写照。在那以水路运输为主的古老岁月中，茶阳古邑占据着粤赣闽三省边境贸易、交通往来的重要位置。自明朝嘉靖五年（1526）建立县制起，茶阳遂成政治、商贸、文化、交通中心。

茶阳古邑，商贸经久不衰，从明清至民国更加繁荣，福建、潮州、梅县、兴宁等地经商者汇集茶阳。《民国大埔县志》记载：民国时期，茶阳由北门外通神泉，有店铺573间，街道14条，其中以大街、高坝街、神泉街、桥背街、码头福前街、柳树街等位居城内外交通大道，是商业旺盛之地。在抗日战争时期，潮汕沦陷，商旅来居茶阳极众，高坝街粮米油豆、柴炭竹木等商铺林立，金融业相当发达，设有中国银行、交通银行、广东省银行、农业银行、邮政储金汇业局及福建省银行等。

茶阳古镇牌坊多。茶阳古镇共兴建过11座牌坊，数量之多、规模之大均为大埔县各镇之最。最具代表的有"父子进士"牌坊和天褒节孝牌坊。"父子进士"牌坊，又称"丝纶世美"牌坊，位于城区学前街大埔中学校门口，坐北向南，建于明万历三十八年（1610），为纪念当时父子进士任江西按察副使饶相与任中书舍人饶与龄所建，距今已经有400多年的历史。该牌坊为花岗石石顶附件、石凿件叠架而成的三层檐顶石牌坊，占地55平方米，高12米，宽10.1米，进深5.3米，正反面分别雕刻了"父子进士"、"丝纶世美"，整个牌坊结构严谨精致、造型美观大方、雕刻工艺精湛，是明代石雕艺术的精品。"父子进士"牌坊在1989年和2013年分别被列为省级文物保护单位和国家重点文物保护单位。

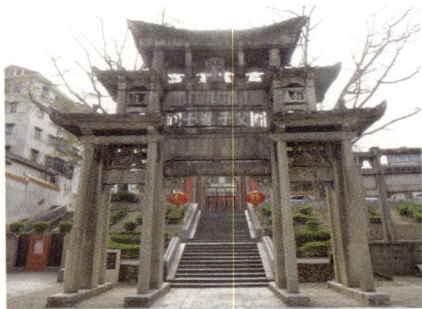

父子进士牌坊正面（罗迎新 摄）　　　　父子进士牌坊背面（罗迎新 摄）

　　茶阳古镇的遗产古迹历史悠久，建筑风格独特。茶阳骑楼群是梅州最有特色的建筑群之一，是粤东最大的骑楼群。茶阳古镇老街上有着粤东最大的骑楼群，高2～4层，始建于明清时代。从汀江边的猫公石古码头开始，沿着中山路、高福路、太平路、太华路、万川路、新马路、建设路7条街道，全长1000多米，共有700多栋骑楼。骑楼群保留着独特的中国传统民居风格，砖木结构，黑瓦灰墙，木板骑楼，杉木铺面，都是岭南民居建筑的特色。

　　茶阳古镇民间流传着"三怪"之说。茶阳"三怪"之一就是"无雨水会大"，茶阳古镇建于山脚的汀江边，每当春夏时节汀江水泛滥，而狮子口江面狭窄，导致江水涌入茶阳大街小巷。因此每年都出现水漫山城的现象；第二怪谓之"无田有谷晒"，旧社会的茶阳居住的都是地主富商，夏冬两季附近的农民纷纷进城交租，因而在城里晒稻谷；第三怪谓之"无男肚会大"，是因为茶阳的男性一年到头在外奔波谋生，留下女性在家带老携幼而造成外地人的误解，这是客家人艰苦拼搏、吃苦耐劳的精神以及"男主外，女主内"文化的体现。

茶阳骑楼群（罗迎新 摄）

　　茶阳城区非物质文化遗产也很丰富。根据2007年普查，非遗项目有32项，其中，花环龙、广东汉乐、广东汉剧、狮子舞等被列入非物质文化遗产保护名录。花环龙原名

"软腰龙"，起源于清康熙年间茶阳镇下马湖村，距今已有两百多年历史。花环龙的制作独特，藏獒龙头形态逼真，威武雄壮，龙身有 9～10 节，花环龙舞以婉转飘逸，优美自然，飞腾跳跃，洒脱娇柔，长于向纵、空施展等艺术风格著称，宛如无数美丽大花环在不停地滚动，故称"花环龙"。三十年来，花环龙参加了省、市、县级的大型文艺演出和民间艺术展演，多次荣获金奖和银奖。1998 年，茶阳被命名为"广东省民族民间艺术之乡——花环龙之乡"；2000 年，被国家文化部命名为"中国民间艺术之乡"；2007 年，花环龙被广东省人民政府公布为省级非物质文化遗产名录。

（2）车龙古村——碧水环绕　人杰地灵

汀江支流漳溪（小靖）河流经西河镇，漳溪（小靖）河环绕着一处古村落，叫车龙村。

车龙村位于梅州市大埔县西河镇，地处广东省东部边陲，距福建下洋初溪土楼群 20 千米，距大埔县城湖寮镇 21 千米。车龙村始建于明朝初年，距今有 600 多年的历史，村落占地面积 500 多公顷。

车龙村历史文化底蕴深厚，人文资源丰富。这里是客家八贤之一、爱国华侨实业家、张裕酿酒公司创始人张弼士的故乡。张弼士少年时在南洋经商，创立实业，在国内投资兴办烟台张裕酿酒公司、广厦铁路公司、广西三岔银矿、惠州福兴玻璃厂、雷州垦牧公司等。1892 年，张弼士在山东烟台创办了中国第一个工业化生产葡萄酒的张裕酿酒公司，成为当时中国民族工业的一面旗帜。在清朝、民国期间，张弼士任清政府驻槟榔屿首任领事、新加坡总领事，中国通商银行总董、粤汉铁路总办，佛山铁路总办。光绪二十九年（1903）获赏侍郎衔，三品京堂候补。张弼士主张抵制洋货，以商战收回利权。光绪三十一年（1905）赏头品顶戴，补授太仆寺正卿，继任商部考察外埠商务大臣、督办铁路大臣。宣统二年（1910）任全国商会联合会会长。民国元年（1912）后，张弼士历任袁世凯总统府顾问、工商部高等顾问、南洋宣慰使、华侨联合会名誉会长等。张弼士故居"光禄第"建于清光绪三十四年（1908），建筑面积 4180 平方米，气势恢宏，工艺精致，为省级文保单位。这里有数十座清末的古建筑，或为围龙屋，或为中堂屋，或为锁头屋，各具特色，有保存完好的张裕酿酒公司首任总经理张成卿故居"资政第"、华人酿酒师张子章故居"寿南公祠"，清御医张衍玉故居"大夫第"，清官吏张学史故居"奉政第"以及"学龄筱筑"、"笃庆楼"、"德新楼"、"敦厚楼"等10多座明清民居。

车龙村山清水秀，田园自然风光优美，这里古朴的民居分缀其间，纵横交错的阡陌、青绿连片的田野、静静流淌的小河、草木茂盛的山坡，把整个村庄装点成一幅田园风光图画，现已建设成为一个集民俗与自然于一体的客家民俗文化村，是中国传统村、广东省最美丽乡村、广东省古村落、广东省历史文化名村。2007年，它被评为"人文历史类最美丽的乡村旅游示范区"。2013年，张弼士故居旅游景区被评定为国家3A级旅游景区。

张弼士故居（大埔旅游局提供）

（二）梅客母亲河——梅江

1. 梅江干流：滋润着梅州客家热土

梅江是韩江的主流，地理位置在东经115°13′～116°33′，北纬23°55′～24°48′。发源于汕尾陆丰与河源紫金交界的乌突山七星嶂，沿着莲花山北坡流向东北，沿河流经水口、畲江、水车、梅南、长沙、程江、梅城、西阳、丙村、雁洋、松口、三河坝等镇，沿途汇入了宁江、五华河、石窟河、柚树河等河流，至大埔三河汇入韩江，再经潮

汕平原后归入浩瀚南海。梅江流域东西长 136.5 千米，南北宽 172 千米，干流全长 307 千米，流域集水面积 14061 平方千米，梅江在梅州市境内有集水面积 10424 平方千米，河长 270 千米，平均坡降 0.4‰。梅江上游称琴江，流经五华县水寨与五华河汇合后始称梅江，由西南向东北流经五华、兴宁、梅县区、梅江区至大埔县的三河坝与汀江和梅潭河汇合后称韩江。自水寨至三河坝这一段是梅江的主体。村镇与水的关系之密切在梅江这一段体现得尤为突出。

　　汀江对客家人意义非凡，于梅州人而言，梅江更是一条生命的航线，在古代滋润着沿岸的土地，为梅州客家人在这里安营扎寨提供了物质基础，并凝练成线索，将沿岸的千百个城镇村落串起，串成了一条璀璨的珠链，在粤闽赣大地上闪着熠熠的光芒。这千百个城镇村落中，有历史悠久的梅州古城、古镇、古村落，还有无数知名或不知名的村庄，延续着客家的、来自中原的文化传统与习俗，养育了诸多学、商、军、政界名人，保存着无数以"天圆地方"为建筑哲学的传统民居，流传着或优美，或诙谐，或悲伤，或决绝的故事。自古至今，梅江干流滋润着梅州客家热土，在这片热土上，孕育、形成了梅州古城、松口古镇、梅县区茶山古村落等城镇村落。

　　（1）梅州古城——梅水之阳　古城繁华

　　梅江串起的千百村镇中，最大的当然是梅州城。站在梅城千佛塔上可以看到，梅江从西南方向进入梅城，绕城中心呈"U"字形后掉头东去。程江从 U 形岸的西侧汇入梅江，两江交汇处就是梅州老城。今天凌风东路、凌风西路往南就是江边堤岸，梅江目睹了这座城市的兴起，也见证了这座城市的繁华。

　　梅州古城历史悠久。在南齐永明元年（483）析海阳县设程乡县；南汉乾和三年（945）升程乡县为敬州。宋开宝四年（971）改成梅州，并于北宋皇佑四年（1052）夯土为城，至今已逾千年，当年筑城墙 1500 米。明洪武十八年（1385）始筑城西砖墙，后几经水灾和战乱，又几经修复。清光绪年间古城范围，北至今文保路、东至今公园路、南至今凌风路、西至今中山路以西 100 米处，近于矩形，古城面积约 2.1 平方千米。现绝大部分城墙已不在，现存城墙位于金山顶，长约 30 米，从南门外的金山—梅州学宫—凌风楼的古城墙线依然可辨当年的古城格局。这一部分城区在今天被叫作江北老街。

千年古井曾井，位于梅城江北城西大道，是五代南汉时期程乡县令曾芳任内所凿，曾芳在井内悬药救民的故事流传至今，有"曾氏井泉千古洌，蒲侯心地一般清"的评价。该井在宋、元、明、清历代均得到地方政府的修缮纪念，旁边一度建有纪念性质的祠宇建筑。2000年8月，该井被梅州市政府公布为第一批文物保护单位；2014年10月，重刻文物保护标志及文物保护说明牌，由梅江区文物管理部门根据专家制订的维修方案进行整修，千年古井曾井得以从地表下回归地面重见天日。

千年古井曾井（罗迎新　摄）

20世纪80年代中期，梅城最旺的地方还数凌风东、西路，仲元东、西路，中山街，油笋街，中华街，辅庭路，元城路，泰康路，东湖路，文保路等。这些街道有相当一部分以人名命之。其中既有纪念民主革命先驱孙中山的中山路和纪念辛亥革命著名将领邓仲元的"仲元路"，也有纪念"黄花岗七十二烈士"之一周增的"周增路"。而"文保路"是为了纪念明代修建梅州古城的功臣叶文保，"元城路"则是为了纪念北宋谏议大夫刘元城，在北门城楼还有一座纪念刘元城的"铁汉楼"。而保存最完好的"凌风路"，则是纪念南宋末丞相文天祥的。明朝万历年间（1573—1619），在老南门楼上修建凌风楼（原为四角亭），清康熙三十一年（1692），因凌风楼年久失修，以及楼的四角偏射文庙，四角亭改建八角楼（即后人俗称的"八角亭"）。

八角亭（罗迎新 摄）

1913 年的八角亭（何日胜提供）

从百花洲拍摄的 1903—1930 年的南门八角楼及周边城景（梅州日报社提供）

　　凌风路位于江北老城区，始建于 1932 年，全长 1000 米，街道宽 8.5 米左右，分为凌风东路和凌风西路，两边多为中西混合的骑楼式商业建筑，反映了民国时期孙中山领导的民主革命推翻封建帝制后，民族工商业逐步兴起的过程及中西文化交流的情况。街区内保存众多的中西混合客家民居，深刻反映了客家人具有传奇色彩的迁徙历史和传统文化内涵，保持着 20 世纪 30 年代的"清明上河图"式的客家风情画卷，是梅州市重点保护的历史文化街区和老城风貌区。坐落在老街南门的梅州学宫，又称孔子庙，至今已有七百多年历史，是当时梅州的最高学府。

江北老街凌风西路（罗迎新　摄）

江北老街凌风东路（罗迎新　摄）

　　梅城江南江北以广州桥、秀兰桥、东山桥、梅江桥、剑英桥、嘉
应桥、梅州桥七座大桥相连，江北老街往江南有两座桥，分别是梅江
桥和剑英桥。梅江桥历史悠久，形态优美，是老梅县人心中最壮丽的
城市记忆。梅江桥建于 20 世纪 30 年代初，历时三年，民国二十三年
（1934）春初步建成，全长 278.5 米，宽 6.65 米，为十三孔连拱弧形
钢筋水泥大桥。梅江桥的建设得到了众多梅县绅商与热心人士的倡
议，他们还发动了广大侨胞包括印度尼西亚、泰国、马来西亚、新加
坡、南非、日本等地共 8100 多人，捐资 113000 多银元建成。当时的
桥面中间只铺木板，大桥两端砌筑石阶梯，两岸民众拾级上桥，往来
两岸，桥面不能行车。1950 年及 1965 年，先后由梅县人民政府出资
改铺水泥桥面并扩建人行道，加筑立体交叉引桥，北岸跨过凌风东路
延长桥身，可通行车辆，成为现今全长 300 米、宽 12 米的规模。

20 世纪 30—40 年代的梅江桥（梅州日报社提供）

梅江桥为梅州城区向江南片区的扩张奠定了最初的基础。1980年，在梅州城市总体规划的引领下，梅州城区跨江而治，将城市重心从江北狭窄的古城转向开阔的江南片区，形成今天梅州城区"一主两副"的城市空间格局，其中"一主"为江南中心区，"两副"为江北片区和梅县新城。

"一江两岸"——德龙桥、剑英桥（梅州日报社提供）

　　江河是城市的景观线。在梅州新的城市建设中，梅江成为打造城市景观和提升城市品质的重点地段。从 21 世纪初开始，梅江梅州城区段就开始了塑造景观的"一江两岸"工程，在梅江两岸建成园林式沿江道路 18 千米，罗马式长廊和传统风格长廊 2 千米，文化长堤 2.2 千米，具有现代城市特色的桥梁 2 座，公园和公共绿地、广场 9 处，呈现出绿中城、城中水、碧水蓝天、环境优美的崭新风貌。2000 年梅城"一江两岸"改造建设项目被水利部防汛总局称为可供各地借鉴推广的"梅州模式"，2002 年被国家建设部授予"人居环境范例奖"。梅江城区段的东段是景观打造和重大基础设施建设的集中地段，在东山书院及其往南一带已经建成东山教育基地，将东山中学、剑英图书馆、院士广场、艺术中心以及艺术学校等文教设施集中布局，成为梅州城区的文化中心。东山教育基地滨江建有亲水公园，对岸有以剑英将军的诗句"会当再奋十年斗，归读阴那梅水滨"为名的归读公园。"一江两岸"建设工程还注意历史文脉的延续，设计的建筑物、构筑物与历史名城保护相协调，充分发展和丰富了梅州作为国家级历史文化名城的文化内涵。

梅江夜景（罗迎新　摄）

梅江桥夜景（罗迎新　摄）

（2）松口古镇——千年松口　古镇兴衰

松口镇地处梅县区东北部，依梅江而建，面积328.6平方千米，是周边乡镇商贸的重要集散地。松口镇曾是广东内河港第二大港口，经千年孕育，具有丰富的客家人文资源。

松口古镇全貌（罗迎新　摄）

有千年历史的松口古镇，建制早于梅州，它是客家先民由闽迁粤的始居地之一，远在西汉时期的松口主户为畲族人，无独立名称，称为"东畲寨"；至东汉、三国、两晋时，改称"义安围"；至公元945年始称"梅口镇"，初址设在界溪口，后移今址，才改称"松口"，迄今已逾千年。昔日粤东商贸重镇有着"自古不认州"的盛名，它是明末以后客家人出南洋的第一站，也是孙中山发动辛亥革命的策源地之一，其客家山歌更驰名中外，文物古迹、天然风景比比皆是。现在这个岭南古镇正在新城镇规划建设的推进中重铸辉煌。

松口地处梅江的下游，是个依山傍水的小盆地。盆地内是丘陵，梅江、松源河两岸土地肥沃，雨水充足，利于农耕，水陆交通方便，利于商贸，迁居松口的汉人在这块沃土上安居乐业，繁衍发展得很快，松口镇这个聚落得以形成。梅江松口段，江面宽广，水流通畅，在以水运为主要交通手段的年代，松口水陆交通特别发达，东北连接闽西，东南直通潮汕，松口港成为广东第二大内河港，过往船只频繁，码头繁忙，人民生活安定。由于特殊的航运条件和地理位置，松口最繁荣的阶段是清末民初，客家人第五次迁徙过程中，松口成为客家人出海"下南洋"的必经之地。到今天，这样的繁华仍然可以从松口老街两旁宏大的建筑群以及建筑上精美的石雕上找到印迹。

松口老街（罗迎新　摄）

松口老街松江大酒店（罗迎新　摄）

松口老街古码头原貌（罗迎新　摄）

松口境内风光旖旎，有着丰富的自然景观和人文景观。明清两朝曾出了4位翰林、9位进士、27位举人；近当代更是涌现出一大批军政要员、商贾名流、华侨巨富、科技人才等。母亲河梅江从此缓缓流过，沿岸有370多年的元魁塔、文昌阁等；民居中有明末侍读学士李二何修建的"世德堂"等围龙屋和明清时代的古街道建筑群；还有历经300多年风雨、3个人都合抱不拢的"五月红"荔枝树，至今仍枝繁叶茂，昂首挺立；更有"爱春楼"，革命先驱孙中山先生曾经在此下榻。

元魁塔对于漂洋过海的客家游子来说，有着特殊的意义，多少年来，这座象征家园的古塔一直矗立在海外赤子心中。元魁塔位于梅州市梅县区松口镇以东4000米之铜盘村，梅江北岸，为明末翰林学士、东宫侍讲李士淳（家名李二何，明崇祯元年中第18名会魁，人称"岭南夫子"）倡修，始建于明朝万历四十七年（1619），历时10年，崇祯二年（1629）落成。古塔结构为楼阁式，呈八角形，七层，高40余米，底层为方块花岗石，余层以青砖砌筑，塔顶嵌有铁铸宝葫芦，底径约1.5米，5000多千克。300多年来，华侨出洋乘船，必经此塔。离乡背井的人们，每至此地都会不约而同地翘首仰望它的雄姿，依依不舍而去。元魁塔于1987年被确定为梅县区文物保护单位，1989年被确定为广东省文物保护单位。

元魁塔（罗迎新　摄）

（3）茶山古村——黄龙出洞　龟蛇两旁

茶山村位于梅县区南部的水车镇，距梅州市区约26.5千米，村内原有一棵古油茶树，该村因此而得名。而梅江河畔的水车镇，以水车为名，足见当地居民农业耕作与自然水系之间的关系。

据茶山村《黄氏族谱》记，茶山村黄氏于明代初期来此发展，逐渐兴盛，清末至民国时达到高潮。茶山村建筑依山势而起，规划布局呈带状，村落西北向东南长约1000米，桑柳溪从谷地中间自西北向东南流动，汇入梅江，山水田园景观特色明显。历史建筑与周围的自然环境（山脉、溪水）融为一体，形成客家特有的传统人文生态环境，整个村落仿佛一幅山水古民居长卷缓缓展开，古道沧桑，幽雅恬谈。

茶山古村（李婷婷　摄）

《黄氏族谱》中有茶山村及邻近地形略图。这幅地形图，是迁移到台湾的黄氏族人根据祖先的描述画下来的。图中1为水车圩镇，与茶山村相隔，2为梅江，4为龟形山。茶山村道路以西北向东南为主，茶山村传统民居比较集中于南向山脉，村子被群山环绕，树木茂盛，与今天的现实情况基本符合，也充分印证了茶山村的选址和山水形势。

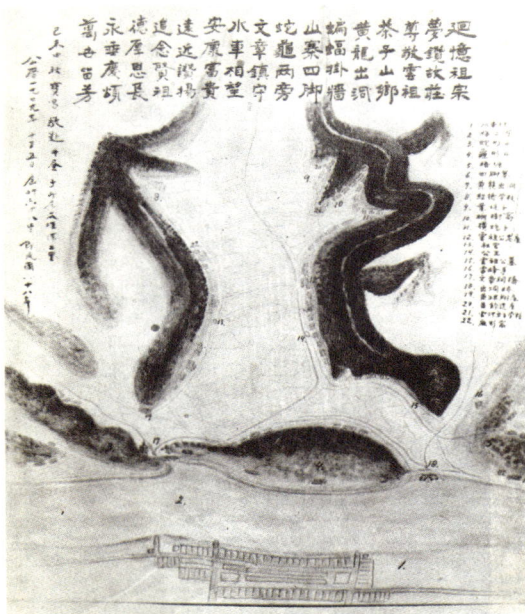

茶山村及邻近地形略图

茶山村由于布局规模保存完整，传统民居数量较多，装饰精美，空间演变脉络清晰，是研究客家古村落空间形成和演变的典型案例，

被认为是目前全国客家地区保存最完整的古村落之一。2009 年，茶山村被认定为"广东省古村落"，2010 年被命名为"中国古村落（客家民居）"，2013 年被录入"中国历史文化名村"。

茶山村有不同时期、形态各异的客家传统民居，有条型或方型（主体多为方型）等不同结构形式。它们依山就势呈带状沿山脚布局，既显得错落有致，又不占耕地；大多民居后有风水林（花胎），前有池塘，使建筑整体形成圆形或椭圆形，是中原汉先人"天圆地方"的朴素宇宙观在客家民居建筑中的生动再现，也体现了客家传统民居与山、田、水的和谐，保持了比较原始的农耕景象。村中现存 34 座传统民居，民居建筑基本保存完整。其中，绍德堂为明代建筑，距今有近 500 年历史；300 多年历史的建筑有萼辉楼、创毅公祠、伯荣楼 3 座；200 余年历史的建筑有畅云楼、德崇楼、司马第、培云楼、承庆楼 5 座；其余民居具有 100 年左右的历史。

茶山村"崇文重教"的观念很浓，茶山村中有 100 年以上的学校 5 所，其中，云汉女子学校是比较少见的女子私塾。茶山村历代名人辈出，人文底蕴雄厚。自始祖君梅公至废除科举制度期间，共有进士、贡生、监生以上学位者 48 人，村内仍保存有 16 根楣杆石。近现代知名人物有黄钧选、黄琪翔、黄甘英、郭秀仪、黄新华、黄心维、黄振球等，其中部级 4 人，将军 4 人，教授 5 人，著名巨商 10 多人。

2. 梅江支流：串成一条璀璨的珠链

（1）程江——旼之所至　后有程江

程江源于江西寻乌县蓝峰，流经广东省平远县、梅县区，于梅江区南门注入梅江。长 94 千米，流域面积 718 平方千米。其中，广东省境内长 84 千米，流域面积 708 平方千米。因南齐时曾在下游置程乡县（今梅州市梅县区）得名，而程江的"程"是为了纪念客家先祖——程旼。程旼（约 419—518），客家的人文始祖、世界客属先贤的杰出代表之一。祖居河南义阳郡。生于东晋末年，是秦代平岭南后入粤的客家之贤。1600 年前，程旼为避战乱从中原辗转千里来到平远坝头官窝里扎根，积极传播中原文化，传授先进耕作技术，带头兴办公益事业，改造山地，教化乡里、移风易俗。由于他的德行获得南齐高帝萧道成仰慕，于是萧道成将其所在的县命名为"程乡县"，因此，粤东也有"先有程旼，后有程乡"之说。

德龙大桥（罗迎新 摄）

程江、梅江交汇夜色（梅州旅游局提供）

程江在南门汇入梅江，形成平坦的冲积小平原，为梅州古城的兴起和发展奠定了基础。今天的程江是梅州城区天然的行政区划界线，将江北地区分成梅江区江北地区和新县城，程江与梅江交汇口上的德龙桥横跨水上，形成一道炫丽的彩虹。

（2）琴江——耳边似觉琴音奏 韵出空江听水流

琴江是梅江的上游，其源头在广东省紫金县七星岽，也被认为是韩江源头，止于五华县水寨镇河段，其后河段称梅江。琴江长117千米，流域面积2871平方千米，坡降1.1‰，年均流量48.2立方米/秒。河段流经紫金县、五华县，主要支流有白泥河、周江河、湫溪河、大都河、蕉州河、小都河等。琴江在紫金县境内称洋头河，古称南琴江，自东南向东北流经南岭、苏区、龙窝（洋头）等3个镇，后流至龙窝（洋头）与五华县交界的七娘滩，再流入五华县。紫金县内干流长43千米，流域面积416平方千米；在五华县境内，琴江从登畲镇吉祥村入境，自西南流向东北，经龙村、梅林、安流、文葵、锡坑、横陂、水寨镇。

五华河源于广东省龙川县回龙镇（一说亚鸡寨），向西南流经龙母镇后转东南流，经铁场进入五华县岐岭镇、华城镇、转水镇、河东镇，于水寨镇城北大坝与琴江汇合注入梅江。其长105千米，流域面积1832平方千米，是五华县境内主要河道之一。

琴江是五华县的母亲河，它滋养了五华这块沃土，见证了寨顶巷、夏阜村等古村落的形成与发展。

寨顶巷古村落是广东省级古村落，位于琴江河畔，三面临水，为

封闭式围寨，也就是五华县河东镇寨顶巷村旧城"水寨"，至今有400多年的历史。《长乐县志》有记，明隆庆年间，苏继相等领导的民军活动频繁，贡生周勋为了防御进攻，便"毁己屋砖石，鸠众筑立水寨楼堞，峻整似城"。当年的围寨设有南、北、西三门，而今只有南门楼尚存。南门楼为拱形门楼，用条石和青砖砌成，楼面约宽7米，高3.5米，门楼有一座砖瓦构造悬山庙，供奉妈祖。寨内仍多存古民居建筑，其中刘氏祖屋颇有讲究，用的是封火墙，屋檐外延不用木材，改用青砖以犬牙状伸出托住瓦面，以防止火灾的发生。寨顶巷村向来崇文重教，人才辈出。寨内有一对联"安处柳营人尚武，善居濂水士崇文"，验证了客家人崇文重教的传统。

夏阜村古村落，广东省级古村落，位于梅州市五华县横陂镇南部，琴江河、西溪水横贯村中腹地，距县城9000米，方圆6平方千米。村内田园相间，林茂粮丰，崭新的民居错落有致；山丘起伏，山、水、田、村道交织成一幅美丽画卷。

夏阜村素有福地之称，古时被称为"福禄财丁贯"兼全的风水宝地。夏阜村琴江河畔的西门寨是千年客邑遗址，至今仍完整地保留西门、北门，且西门门楣顶上苍劲的"西门寨"三字仍清晰可见。相传西门寨始建于1000多年前的宋朝末期，是魏氏六世祖保公所建。据说当年兴盛时期建筑宏伟，有城门一座，又有四周城墙堡垒，寨内人民安居乐业。西门古寨临近琴江河，水利交通特别方便，是当时颇为热闹的交易场所。寨内有十三条巷，曾经住有十三姓的百姓。魏氏十三世贤公亦居住其中。由于魏氏贤公是地理大师，他在其中建有一厅（现存贤公拜厅），并在其侧开门，安放大石狮，至魏姓日盛，因为其他姓人家经商居多，随生意拓展不断迁往海外南洋等地，1000多年来只留下魏姓仍居住其中。魏姓人世世代代以种田为业，守城为责，延继至今。如今，古寨已经不复以往繁荣，只有古城门经历了几百年的历史，每年被洪水浸泡几次，但始终坚固如初，屹立在西门寨。

夏阜村人杰地灵，人才辈出。置村至今，夏阜村先辈们筚路蓝缕，铸就了"勤劳俭朴、团结奋进、聪慧敏利、厚德扬善、崇文重义"的村风民性，培育了清朝进士、广东提督诰赠四世"振威将军"魏大斌、世界球王李惠堂及巨商等名人。

自古名州佳话多。夏阜村，流传着许多动人的民间传说。夏阜村有一座天子岗（原名为田祖岗），相传在至元十五年（1278），南宋最

后一个皇帝赵昺，在元兵追赶下仓皇南逃，途经长乐（五华）境内，当南宋皇帝走到夏阜的田祖岗山上时，元兵人马也追赶到了横陂。在这紧急关头，巧遇夏阜附近几个村的客家妇女成群结队上山砍柴。她们人人肩扛一支两头削尖的"鲁担竿"，竿上挂着绳索，远看形似古代兵器"长矛"，当时浓雾漫天，元兵登上高处，看见沿山坡上戈矛如林，人群浩荡，误以为是南宋援兵赶到，便不敢轻举妄动，踌躇顿步。赵昺等慌忙走了一阵，发现元兵偃旗息鼓，心中狐疑，便问身边大臣何故，大臣禀报：一群客家樵妇救了皇帝的命。赵昺事后心中大悦，便说：村妇"保驾"有功，传旨奖励，赐客家妇女准戴"龙头手镯"，并敕封为孺人。从此，客家妇女手腕上戴的就是镌有双龙飞腾图案的龙头手镯了。夏阜田祖岗，因宋帝在此地脱险，被称为"天子岗"，沿用至今。此外，夏阜还流传着乌鲩精托世、神奇天井、"夏阜坝"的由来、鲤嫲楼的故事等神话传说。这些民间传说为夏阜古村增添了神秘的色彩。

另一处验证客家"崇文重教"观念的是"长乐学宫"，它是省级文保单位，位于华城镇五华中学校园内，始建于明成化五年（1469），正德年间重修，清同治六年（1867）水灾后重建。学宫全部用花岗岩支撑而成，建筑物按古代传统风格，排列在中轴线上，左右对称，规模宏大。时有棂星门、照壁、泮池、戟门、东庑、西庑、大成殿、明伦堂、尊经阁等。它是嘉应州（今梅州市）最大、最具特色的文庙学府。

长乐学宫（陈义彬　摄）

五华河流域的益塘水库位于五华县转水镇，由竹山连通渠连通矮车和潭下两大库区形成，是梅州市最大的水库，集雨面积251平方千米，总库容16479万立方米，具有防洪、发电和灌溉功能。益塘水库有主坝2座、副坝7座。其中，矮车主坝最大坝高42米，坝顶高程159.25米，顶长270米。潭下主坝最大坝高22米，坝顶高程160.3米，坝顶长630米。副坝共长357米，最大坝高20米，坝后有小水电站装机4台，1934千瓦。

益塘水库大坝（梅州日报社提供）

益塘水库库内有30多个孤岛，大小库湾300多个，各具特色的小岛15个，有"益塘群岛"之称，青山环绕，风光旖旎。山上有奇花异树，到处林木茂密，四季花果飘香，库水碧绿天然，山水相映成趣。秋冬季节，大雁、白鹭、野鸭等飞禽翔鸟成群结队飘然而至，落栖水库，极尽嬉戏，构成一大独特景观。这里也是梅州最大的荔枝种植基地，现有荔枝、柑橙、沙田柚等优质果林近万亩。

益塘群岛（梅州日报社提供）

琴江、五华河河畔的华城镇是西汉南越王赵佗所筑的"长乐台（狮雄山遗址）"所在地。华城距梅城约80千米，五华河、乌陂河、潭下河、新桥河四河交汇于此。据史书记载，西汉初，赵佗（河北真定人）为龙川县令，汉高祖十二年（公元前195），赵佗一次为狩猎率行部到五华山下（今华城北门外），恰巧高祖派遣汉使陆贾奉旨封赵佗为南越王，赵佗为了朝拜汉室及授封南越王，遂筑台于五华山下，名为长乐台。以后因人口繁衍，设为长乐镇。在北宋熙宁四年（1071）置县时，因县制所在取名为长乐县，民国初因与福建长乐同名改现名为五华县，是中央苏区县。

五华河河畔有得天独厚的优势资源——汤湖热矿泥温泉。它位于五华县转水镇维龙村，是目前中国发现的第二处热矿泥温泉，这在全球也是不常见的。汤湖热矿泥山庄是我国既有热矿泥又有温泉的独特旅游胜地。热矿泥质地柔软，手感好，黏滞性强，温泉水质清澈。经专家分析研究，五华热矿泥富含多种有益人体健康的微量元素，如锰、锌、硒、钙等。pH 值为 7.30～8.45，属弱碱性，有机含量 1.35%～3.17%，符合泥疗有机质含量的标准。汤湖的热矿泥是国内罕见的优质医疗保健泥资源，汤湖热矿泥可作泥浆浴、包裹（局部泥敷）、埋敷躯体，以进行医疗保健。热矿泥含有钾、钠、铅、钙、镁、氟、硼等对人体有益的大量微量元素，能活跃身体机能，促进新陈代谢，调节植物神经系统功能，有镇痛、消炎作用，可治疗腰背部疼痛、神经衰弱、增生性脊椎炎、关节炎、神经痛、妇科疾病等。

汤湖热矿泥浴（五华旅游局提供）　　汤湖热矿泥浴靓丽风采（五华旅游局提供）

（3）宁江——风水相吞吐　星河欲动摇

宁江，古称左别溪，韩江上游梅江段支流，是流域面积最大的梅江支流，以黄陂河为正源，发源于江西省寻乌县荷峰畲，贯穿广东省兴宁市南北，至水口圩汇合梅江。干流以上有黄陂河自西北向东南流，在黄槐区上白沙溪进入兴宁市黄溪村，经上翁、下翁、黄陂圩、陶古、径口、甘砖、黄留、寺岗、土墩、白泡，至合水镇与罗岗河汇合为宁江。沿途接纳宝龙、黄槐、双下、粒坑、大坑、张坑等溪水。河面宽15至40米，全长49.5千米。集水面积243平方千米，流域内年平均降雨量1600毫米以上。宁江干流自合水镇起，贯穿兴宁市南北，流经新陂镇、兴城镇、刁坊镇、坭陂镇、新圩镇，南至水口镇水口圩汇合梅江，全长107千米。从合水至水口主干河道长57.5千米，宽65至90米。沿途接纳32条山溪小河，呈叶脉状汇入宁江，流域面积1364.75平方千米。宁江被称为兴宁市的母亲河。

宁江夜景（梅州日报社提供）

合水水库位于兴宁市北部，地处黄陂河、罗岗河、大坪河的交汇处，故名合水，距离兴宁市区15千米。因其景色秀丽，环境宜人，被誉为"粤东明珠"。水库建于1957年，雄伟的主坝宛如一条巨龙横卧在山水之间，水库面积1.27万公顷。四周青山如浪，峰峦滴翠，库区碧波荡漾，景色秀丽，小岛散布，轻舟点点。水库以防洪为主，保证灌溉，兼顾排涝，结合发电、养鱼。它是宁江水网枢纽工程，捍卫着兴宁县城及宁江两岸13个区、镇20多万人的财产和生命安全，防洪面积0.733万公顷，灌溉农田1.4万多公顷。合水水库对洪水能吞能吐，群众称之为"仙人肚"。此外，合水水库还是重要的旅游景区。

合水水库大坝（兴宁市旅游局提供）　　合水水库湖心岛（兴宁市旅游局提供）

山与水组合，以及"天、地、人合一"的理念，造就了梅州客家人闻名天下的传统客家民居。梅州客家民居建筑闻名天下，兴宁的客家民居更是其中翘楚。兴宁传统民居主要分为北山、南水两大风格。北边主要是山区，它的建筑以四角楼为主，村子呈长方形，两层结构，村子都依山而建；南边近似水乡，以围龙屋为主，屋前有个禾坪，主要用于晒谷等农事及红白喜事，禾坪前是水塘，用于养鱼、洗衣和防火。大多数村子前都有一条用于农田灌溉的小河，小河里有鱼虾，屋后有属于私人所有的茂密竹林。其中，最具代表性的是柿子坪村古村落。

柿子坪村，位于罗岗镇圩镇北 1.5 千米处，这里有贯通兴宁南北的 S226 省道、流经门前的罗岗河支流白水河，村后有高大的黄毛嶂山脉，方圆 1.5 平方千米。2012 年 1 月，柿子坪村被认定为广东省古村落。

柿子坪古村落，有经历一百年，甚至几百年沧桑的善述围、俊贤楼、松茂围、育秀围、和乐围等古老建筑，共计 20 多个，其中一部分属于四角楼，至今仍然比较完整地保存下来。其中，善述围的规模最大，居住的人口最多，是杰出典范。它在省内外都很有影响，吸引了广东省文化部门、梅州电视台、深圳市博物馆等众多单位或专家学者，前来考察观赏、传颂推介。2009 年它被兴宁市人民政府评为"十大古民居"，2012 年被评为"省级文物保护单位"。

善述围的建造特别注重天文、地理与客家居民自身特点的有机结合，体现了中国传统文化天、地、人合一的精神。此屋建造工程历时 13 年之久，至清光绪二十三年（1897）竣工，至今经历了 110 多年沧桑。楼房主体长 72 米、宽 49 米，整屋占地面积 7157 平方米，建筑面积 7268 平方米，为 4 栋 6 横屋的砖瓦土木两层结构，共 354 个房间（两层合计），20 个会客厅，6 个花厅，6 个南北厅，2 个横厅，大小天井 25 个。整屋布局合理，构架精巧，从斗门、大门进去直至上厅堂的建筑雕刻和装饰艺术，更是令人叹为观止。斗门处可见立柱上面卧藏着一对平常不易觉察到的石雕麒麟，横梁三面雕花，门侧是糖泥与石灰混合所做的楹联。大门台阶处可见一个个厅堂连接成深邃的"回"字形大通道。走进厅堂，四周的柱梁架构、门槛台案、屋檐瓦椽、走廊楼角皆精心设计，雕龙画凤、照壁假山、鱼池卷草、石柱石墩、麒麟怪兽、楹联壁画、精美的厅堂屏风、"五鸟十八鹤"雕花大梁、镂空的木雕饰品等精湛的美工艺术品，几乎随处可见。

（4）石窟河——群山叠翠水悠悠

石窟河是梅江的重要支流，又名石窟溪、蕉岭河，因蕉岭县城东北多溶洞和伏流，俗称石窟，石窟河以此得名。它源于福建武平县洋石坝。流经广东省梅州市平远县、蕉岭县、梅县区等区县，于河子口汇入差干河，于长潭汇入高陂河，经蕉岭石窟河盆地，于新铺汇入柚树河，流经梅县白渡，在丙村镇东州坝汇入梅江。石窟河长 179 千米，流域面积 3681 平方千米。其中，广东省内长 87 千米，流域面积 2295 平方千米。石窟河纵贯蕉岭，是蕉岭县的母亲河。

长潭水库位于蕉岭县石窟河长潭峡谷段中，位于闽粤赣三省交界地带，距县城 3000 米。1987 年省水电二局在长潭一线天与蓬莱仙境的峡谷间建成一座高 70 米、宽 100 余米的长潭水电大坝，大坝把流水截成人工湖，从而形成了一座库容量为 1.6 亿立方米、面积为 40 平方千米、集水面积为 1990 平方千米的峡谷型水库，属于季调节水库。水库百年设计洪水位 151.5 米，万年校核洪水位 156.0 米，正常高水位 148.0 米，汛期控制水位 144.0 米，发电极限水位 134.6 米，总库容 1.69×10^8 立方米。流域内近年来先后修建了东留水库、石磺峰水库、下坝水库、竹岭水库总库容在 600×10^4 立方米以上的中小水库，其集水总面积为 1891 平方千米，占长潭水库集水面积的 95%。长潭水库具有防洪、蓄水、发电及旅游观光等功能。

长潭水库（梅州日报社提供）

　　水库建于峡谷地区，两山之间的距离较近，容易蓄水，落差 15 米，落差大更有利于发电。蕉岭长潭水电站总装机容量为 60MW（15MW×4），是梅州第二大水力发电站。

　　长潭水库，库面宽阔，水深波平，沿岸山峦耸峙，绿海无边，荟萃了许多珍贵的生物资源与物种，有维管植物 183 科 576 属 1092 种，古树群落 26 处，古树名木 2000 多株，有罕见的千年古藤和千年蓝果王；野生动物 35 目 89 科 264 种，鱼类 40 多种，有"生物物种基因库"、"珍稀动植物避难所"等美称。库区内奇峰突兀、峭壁凌空、青山碧水、清风山花，长 20 多千米的狭长库区内已建成澳洲山庄、闽粤赣释迦文化中心、台湾度假村、长潭绿园、长潭度假村、逸士山庄、一线天、高台庵、桫椤珍稀园、蓬莱仙境等 20 多个景区景点。库区内风光秀丽，生态良好，旅游资源得天独厚，有"形似巫峡，景似漓江"之称，还有"小九寨沟"之称，为"南粤百景之一"。1999 年被评为省级森林公园，2004 年经省政府批准正式成为省级自然保护区，是梅州市著名的 4A 级景区。

长潭秋色

石寨河是石窟河的一条重要支流，它环绕石寨村，像一条护城河，曲折蜿蜒自北朝南环抱古村，滋养和浇灌着这片沃土。

石寨村位于蕉岭县城东北 34 千米处，被认定为广东省古村落。石寨村依山傍水，人文荟萃，是自然与人文环境保存良好的客家农耕文化的典型，具有 500 多年的悠久历史，由郭氏郭仲一公，于明朝正统十四年（1449）从闽杭竹山南迁到石寨开基。村中祖堂、树德楼、方楼、崇德楼、田子屋、华祝堂、儒林第等建筑完好，其中，树德楼为广东省重点文物保护单位，方楼是闽粤地区现存有明确纪年最早的方土楼。树德楼建于清康熙元年（1662），保存完好，对于研究闽粤赣客家人迁徙历史、文化交汇以及明清时期客家方楼的建筑文化具有重要意义。村民素有崇文重教的传统，先后设有私塾智仁学堂、景程轩学堂、敦仁楼私塾、老实堂私塾、梁下私塾、小德草庐私塾、狗打坑学堂，以教习三字经、增广贤文、四书五经为主，有"卖谷卖猪，也要供子女读书"的说法。旧时，各房父老为了鼓励学生刻苦读书，指定有"学田"、"学谷"奖励成绩优秀的学生，有的中学毕业后可以领到"学谷"。

石寨村（何日胜　摄）

柚树河是石窟河的一条支流，源于广东省平远县八尺乡梅龙寨，流经河头、坝头、热柘和蕉岭县的徐溪，于新铺镇新芳里注入石窟河，长 89 千米，流域面积 989 平方千米。因河流经的平远县热柘镇原名为柚树，故名。

柚树河河畔风光

　　柚树河流经之处，滋养热柘、东石等一方热土，形成了许多古村落。凉庭村就是其中代表之一。凉庭村位于平远县东石镇东部尖山脚下，这里有建造于 1803 年的丰泰堂，历经 200 年风风雨雨，至今仍完好地屹立在广袤的田野之中。

　　丰泰堂为林姓祖屋。建造丰泰堂的为十六世特秀公。据族人介绍及族谱记载，特秀公之父逢源公早年在江西开伙店，为人老实忠厚，曾有一伙匪帮携金银住店，为官兵所剿，逢源公得大笔意外之财。于是，以该银两为长子特秀在家造屋；为次子德秀捐官，从此世代繁衍。特秀公乐善好施，为乡邑称颂，清嘉庆七年（1803）建造丰泰堂。

　　丰泰堂是一座典型的、特色鲜明的客家围龙屋建筑，它承袭客家相传的建筑艺术，采用中原汉族建筑工艺中最先进的抬梁式与穿斗式相结合的技艺，选择斜坡地段建造围龙屋，占地三四十亩，以南北子午线为中轴线，主大门进去有四个厅、三个天井，左右横屋各有四厢，后有三条围龙与横屋合拢，大门前有一块禾坪、一个半月形的池塘，沿池塘外围是一圈旱地，其外形轮廓与屋的外围遥相呼应，形成一个巨大的椭圆形。1994 年在梅州召开的世界客属联谊会中，"丰泰堂"以其独特的古朴风韵、雄浑气魄被输入联谊会资料，以封面的形式展现于世界。丰泰堂非常朴实，没有过多的雕龙画凤，且就地取材砌土砖而成，体现了讲究实惠的风格；占地面积广、中轴线上的主厅宽大而高，又显示了建造者的大气。除主门外，另有 8 道大门在横屋之间朝南一字排开；值得称道的是，东西各有两横屋与主屋左右对峙而立，为猪舍、柴草房、杂房，体现了客家人爱清洁的特点。

（5）差干河——丹山碧水

差干河为梅江二级支流，松溪河是差干河的主要支流。松溪河源于江西省寻乌县罗塘乡、项山乡以及福建省武平县民主乡、下坝乡细河，河水由福建流入差干加丰村，呈西北向东南流向，于加丰村和湍溪村交界合溪峰流入差干河。该河在差干境内河段长约10千米，可通船的河段约5千米。因河畔有大片相思红豆林，深秋季节，红豆挂满枝头，因此松溪河又名相思河。

松溪河古桥（相思河风景区提供）

松溪河两岸崇山峻岭，绿树连绵，与差干河连成一片，形成独具特色的水上风光。深秋季节，河畔大片相思红豆林挂满枝头，令人赏心悦目。松溪河畔有松溪古道，长约4千米，宽约1.6米，路面由鹅卵石铺砌而成，是古代平远县城（仁居）经差干往湍溪达福建武平的唯一通道，距今已有1600多年的历史。古道两边还有残存下来的石臼、茶亭等遗迹，见证了"盐上米下"贸易的历史。20世纪二三十年代，中国工农红军由赣南往闽西，开辟革命地，这段连接三省的古老道路，成为必经通道，为闽粤赣革命根据地和中央苏区的建立作出了不可磨灭的贡献。松溪河边有松溪桥，于清道光十年（1830）建成。拱桥气势恢弘，全桥皆用花岗石筑成，长100.3米，宽4.9米，高12米。桥两边竖有石栏，中间石栏上镶嵌"松溪桥"碑，颜体正楷，书

法刚正而丰满。松溪桥畔，古梅绽放。据文物工作者考证，古梅由邑绅募资种植于清乾隆四十一年（1776），当年共有 10 株，现余 3 株，皆是"宫粉梅"。这三株百年古梅每年都会迎春开放，醉人的淡红色、典雅极致的宫粉色跟两岸的青山绿水、古桥古道交相辉映，让人流连忘返。

（三）潮客母亲河——榕江北河

榕江是粤东地区第二大河流，仅次于韩江，也是广东著名深水河，仅次于珠江，通航能力非常强，可进出 3000～5000 吨级货轮。梅州地域内属榕江流域的河流有 4 条，所涉范围较小，但与韩江相同的是，榕江同为潮汕平原的母亲河，在客潮两地社会、经济和文化的沟通上的重要性不容忽视。榕江流域内的梅州丰顺县同时存在着客家方言、潮汕方言。

榕江北河是榕江北侧的一级支流，又称北河，是榕江最大的支流，发源于丰顺县西部莲花山脉东南坡桐子洋村附近，东南流经北斗、汤坑、汤南和揭阳县玉湖、月城、锡场、榕城、曲溪，至炮台双溪嘴注入榕江，长 92 千米，流域面积 1629 平方千米。

（1）汤坑镇——"九汤十八寨"

汤坑镇历史悠久，清乾隆三年（1738）建县时，汤坑圩镇已经形成。汤坑镇是梅州与潮汕地区之交通要地，素有"历史重镇"之誉。汤坑镇是丰顺县城所在地，素有"九汤十八寨"之称，荣获"中国温泉之城"称号。

丰顺温泉属沿东北向花岗岩断裂带露出的热矿泉，储量大，日流量 13532 立方米，水温高，达 92℃，水质好，含有丰富的硫黄、硅、氟、氡等矿物质微量元素。1970 年在邓屋村建立了我国第一座地热试验发电站。当地群众还利用温泉育苗、酿酒、漂白布匹。明末乡贤罗万杰首先集资把天然的"汤湖"扩大建成浴池。清乾隆后，历经几次重修，并设石凳、疏林供浴后休息，在汤湖四周筑围墙。此后不少文人志士慕名前来游玩、沐浴、赋诗，相传唐朝韩愈被贬潮州时也曾涉足汤坑。前清外地一名士浴后写下"澡身浴德"四字，清宣统二年（1910）镌刻于壁。1953 年丰顺县人民政府拨款扩建汤浴场，分设男女浴室，面积达 1000 平方米，池底铺设石板，室内曲道回环，空气畅通，后经政府多次投资改造。该温泉矿物质微量元素配合中药、气功、桑拿保健等理疗，对治疗皮肤、风温、消化系统等疾病有较好疗效，众多海内外游人慕名前来洗浴。

人人担温泉水

（2）汤南镇——潮客家交融带

榕江北河边的汤南镇历史悠久，是潮汕文化和客家文化的交汇点，也是梅州山区与潮汕平原的接壤地，汤南保持着10多座以"寨"命名的城堡式古民居建筑。这些建筑犹如散落的珍珠，点缀在汤南绿色的大地上，每座古寨就是一个村落的载体，汇合在一起见证了一个庞大家族人文鼎盛的辉煌，记录了两种文化在此地交融的历史。这些古寨具有的强烈防御色彩和宏伟壮观的形象，足以令参观者赞叹当年先民的奇思妙想和高超的建筑工艺。这些古民居建筑包括龙上古寨、上围古寨、蓝玉隆烟等。

龙上古寨位于汤南的新埔园村，始建于明朝嘉靖年间，在众多古寨中历史最为悠久，其中心建有汤南罗氏的始祖祠。古寨由连串的房屋作墙体围成一个城堡式的建筑，在东、南、西三个方向各辟一门，门首分别题有匾额："耸壑昂霄"、"飞龙濯足"、"奋扬朝滨"，墙体四周有八个瞭望点，给人留下的印象是，它的主人们正在枕戈待旦，捍卫家园，以防强敌侵凌。古寨内部则是另一番祥和安宁的生活场景，三街六巷遍布着大量的民居，拱卫着由康熙甲子科举人罗万善书写匾额的罗氏宗祠。把龙上古寨和丰顺北部客家地区的建桥围作比较，会

发现这两座同为明代的古建筑，确有几分相似之处。也许，明代中后期，社会渐趋动荡，外有倭寇侵扰，内有盗贼蜂起，这些建筑的创建者为了家族的安全，决定建筑坚固的住所捍卫家园，直接建筑城堡为朝廷规制所禁止，于是他们就折中建起这种城堡式的民居。

位于该镇新楼村的上围古寨又称"种玊（音读 sù）上围"，更进一步印证了社会动荡催生这一类型建筑的历史因素。"种玊上围"的题匾年代为庚戌年，据建筑内青砖烧制时刻有"康熙七年制"字样，及有关古寨建于清初的记载，可知整个古寨历时 18 年在康熙九年（1670）建成。古寨建筑的创建年代，正是明清交替之际，整个粤东当时处于南明政权和清朝势力殊死搏斗的动荡之中。因此种玊上围的建筑规制与龙上古寨不同，它是由厚 0.5 米、高 6 米的坚墙直接围成方形的城寨，同样设有 3 个大门，门上方及四角均建有瞭望楼和射击孔，军事防御功能更强，气势更为雄伟。种玊上围连片分布有潜士公祠、用章公祠、淡若公祠、非饰公祠等传统古建筑。

种玊上围，坐东向西，始建于清顺治九年（1652），历经 18 年春秋竣工。建筑占地面积 18000 多平方米，其建筑结构独特，布局新奇，俗称"蟹形"建筑。种玊上围古寨墙始筑于清康熙八年（1669），整座寨墙为椭圆形，设有 3 个寨门（分别为"种玊上围西门"、"南安门"、"北平门"）和 4 个角楼，寨墙周长 498 米，高 6 米，厚 0.5 米，以贝灰、糯米泥、砂石为原料，混合夯筑而成。寨墙共由 108 幅墙连成，每幅围墙距地约 1 米处留有一枪眼，寨墙外边留有马路宽 3 米，南北侧各挖有绕寨墙壕沟，长年通水，并与寨前池塘连成一体。种玊上围墙体坚固，保存尚好，是丰顺县古代城垣代表性建筑之一。寨内有三街六巷、一祠堂、六公厅。三街平行，中间一街横贯北大门，三街与东西两巷交会成井字形。一进正西门便是西大街，街对面是三进开间九世祖"潜士公祠"，公祠左

种玊上围航拍

右各有一巷，与东西南北巷巷巷相接，街街相通。旧时街巷用青砖铺成，每到晚上屐声错落，清脆细碎，有大珠小珠落盘的韵致，煞是悦耳动听。寨内大小房屋有 108 间，与围墙块数相同。如今大部分人家迁出寨外，寨中人烟稀少，古巷更显清静幽深。寨外是一个大广场，场外一口大池塘呈半月形嵌入广场，寨里的雨水、污水、护寨河都会流入大池塘，广场原耸立着五副旗杆石（现已毁）。池塘南面有 5 株参天古榕一字排开，枝干交缠，盘根错节，蔚为奇观，俗语"五丛榕"，是汤南八景之一。

种王上围的特色文化主要有舞狮、潮剧、锣鼓班、八音班、元宵迎灯。另外还有跳火堆、扮饰、饮食、庆满月、出花园等民俗，独具风情。清代期间西门种王上围出有 5 位举人，新中国成立后出有 5 位教授，可见种王上围不仅历史悠久，建筑独特，规模宏伟，也是人文荟萃之乡。

（3）龙归寨瀑布——粤东第一瀑

榕江北河上游流域有一座巨大的瀑布，称为龙归寨瀑布。龙归寨瀑布被誉为"广东省黄果树瀑布"、"粤东第一瀑"。

龙归寨瀑布（罗迎新　摄）

一练悬百仞，银汉遄飞，云露化雨保丰顺；
千壑擂万鼓，天音骤响，士民仰首望龙归。

这首诗就是龙归寨瀑布的真实写照。美丽的龙归寨瀑布流传着一个美丽动人的传说。在很久很久以前，那里有一个村庄，没有水源，所以五谷不生，人民挨饥受渴，过着痛苦不堪的生活。村子里有一个年轻人名叫阿龙，他看到由于没有水源，乡亲们过着如此悲惨的生活，非常难过，他发誓无论如何都要找到水源，让乡亲们过上幸福的生活。乡亲们欢天喜地送走阿龙，盼望阿龙早日找到水源，尽快过上快乐的日子。日复一日，年复一年，阿龙还没有归来。终于有一天，一道飞瀑从天而降！可是最初的水却是红色的，为什么呢？村民们左思右想，不得其解，最后终于想明白了，这些水是被阿龙的鲜血染红的！阿龙历尽千辛万苦找到水源，却再也回不来了！为了纪念寻水英雄阿龙，乡亲们把这条瀑布命名为龙归寨瀑布。

龙归寨瀑布位于丰顺县东联镇中部偏南，距县城13千米，其水源来自丰顺第二高峰、海拔1285米的释迦山。它高80米，宽46米，集雨面积达到40平方千米，年平均流量3.5立方米/秒，雨季流量更大，达到6.7立方米/秒。龙归寨瀑布，似彩练，如崩雪，飞流直下二级深潭，喷云崩雾泻下来，撞向深潭，强大的冲击力冲得潭水飞珠溅玉，千万朵水花弹向空中，又化作如云似雾的小水珠，随风飘洒，烟雾蒸腾，阵阵山风吹来，把它吹得如烟如雾如尘。瀑布区内有奇花异石、龙蛇走穴、飞流直下、名胜古迹，是游客观赏的好去处。

（四）客家人起航——韩江

韩江，唐称鄂溪，后为纪念韩愈驱鳄而改成"韩"江，是粤闽赣大地上一条比较大的河流。韩江汇聚了三省交界地带山地的地表水，有东、北、西三源，北源汀江发源于福建宁化木马山，西源梅江发源于紫金与陆丰交界乌突山七星嶂，东源梅潭河发源于福建平和葛竹山，至大埔三河坝交汇后称韩江。三江汇流后，继续往东南流，经潮州市进入韩江三角洲分流出海。韩江全长470千米，流域面积达30112平方千米，平均坡降0.39‰，其中在梅州市境内集雨面积14711平方千米，河长343千米，总落差164米。

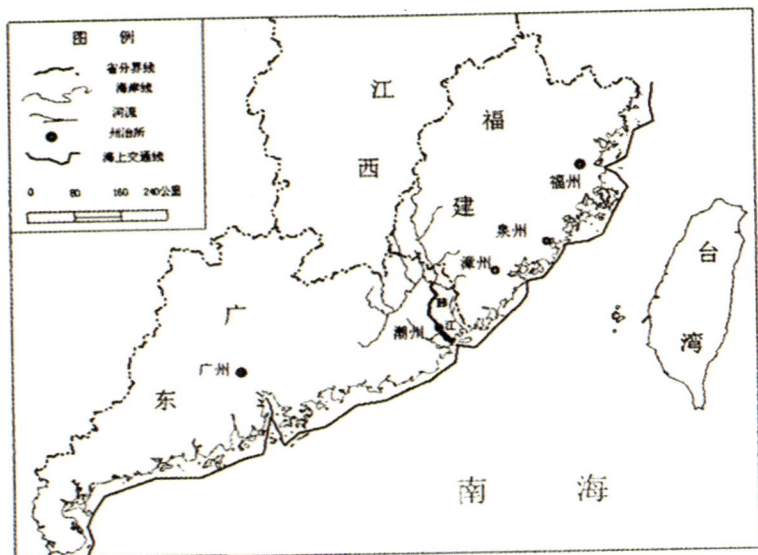

韩江的位置和航运路线（参考郑向东资料）

对于客家，韩江的重要意义并不在于长度和流量的大小，而在于它对客家民系的发展、成熟和变迁所产生的历史作用。

如果说梅江与汀江承载的是客家人迁徙途中一段垦荒、开拓的历史，那时的客家人作为外来的汉民族，以绝对的强势吞噬了土著文化，为南越之地带来了中原的文明、习俗和价值观，并以此奠定了客家文化的内核，那么韩江的含义则在于为习惯了奔波的客家人指引了另一条截然不同的迁徙之路。这一次迁徙运动发生在清末期，被誉为客家历史上的第五次大迁徙。这一次长途跋涉以汀州、嘉应州为中心，目的地遍布于川、桂、台、湘、粤南、海南，更有相当一部分客家人循韩江而下，面向辽阔的海洋，面向五大洲各国，在异国他乡开拓前进。

三江汇流（大埔旅游局提供）

这次大迁徙是客家人走向世界、誉满世界的历史过程，也是韩江对于客家文化革新的又一次巨大贡献。为纪念母亲河，大埔县在韩江河畔建成韩江源雕塑，意为梅州大埔与潮汕平原一衣带水，同饮母亲河成长，并寄望客潮两地增进沟通，加强对外交流与合作。

韩江源雕塑（罗迎新　摄）

韩江是潮汕地区、兴梅地区与福建的重要联系水道，韩江流域是客家民系的重要分支，客家先民定居于此后，除保留传统的儒家文化外，部分吸收其他土著民族风俗习惯，逐渐形成了自己独特的民俗和文化。由于地域特征和文化特征上的明显差异，被称为"韩江客家"，以区别于"东江客家"。但这些历史事件多半发生在韩江上游的干流与支流，真正发生在韩江干流上的故事则更加充满了血泪和希望。韩江的独特造就了客家人、潮汕人对它的特殊情感，它的独特在梅州大埔三河又有着显而易见的印证。

三江汇流这种优越的地理位置，独特的自然环境，在江河文化的历史长河中，孕育了三河千年古镇。

（1）三河古镇——千年六朝古村落

据史料记载，三河建制于北宋开宝年间（968—976），为千年古镇。三河镇群山环绕，三江汇流，山川秀丽，因其地理位置独特，一向为兵家必争之地。宋末皇帝赵昺被元兵追逼，曾在三河旧寨建造行营，作为驻跸之处，今存有"王子殿"遗碑一块；清初总兵吴六奇在此设营，扼守20余年；民国七年（1918），孙中山曾亲临三河坝劳军，敦促陈迥明参加护法北伐，后人建"中山纪念堂"纪念，为中国第一座中山纪念堂；民国十六年（1927），"八一"南昌起义军在朱德

的率领下，打响了闻名遐迩的三河坝战役。三河古镇文物古迹、名人、名史、遗迹遗址众多，历史文化底蕴深厚。有"兄弟三将军"、"一门九清华"、"国叔"徐统雄，清代女诗人范荑香等名人；有明城墙、明朝兵部尚书翁万达墓、城隍庙、南安寺、永福寺、天主教堂、龙文阁、凤西亭塔等遗迹遗址；有濂溪衍派居、华萼楼、毓荪楼、陈氏宗祠、徐统雄故居等特色建筑群，还有三河老街、火船屋、古榕渡、吴钩衙等各具特色，独领风骚。三河镇2008年被列入广东省历史文化名镇，2013年被列入中国历史文化名镇。

三河古镇外貌

三河古镇300年历史古城楼

三河镇历经近400年变迁，其间遭遇特大水患和围堤造田，仅剩下南门楼、西门楼的断壁残垣。2005年，三河镇对残存的南门、西门的城楼和部分墙体进行修复，群众纷纷呈上老墙砖，修成今南、西两门城楼及城墙560多米。登上南门城楼，可远眺田畴似锦，鱼塘星布，三河汇聚，清浊分明，气势磅礴；西门外，埔梅公路新线车水马龙，熙来攘往；行走在村道上，两旁建筑衰败坍塌，让人仿佛穿越了时空。

（2）建桥围——三朝古村　建桥船围

丰良河是韩江一级支流，发源于兴宁市铁牛牯，于青潭流入丰顺境内，发源于兴宁市境内的建桥溪，在丰良莘陂与大椹溪汇合流入丰

良河，于黄金望楼汇白溪，于高洋汇龙溪，流经广洋，在站口汇入韩江，流域集水面积 899 平方千米，河长 75 千米。

丰良河河畔有一独特船型古堡——建桥围，建桥围经受无尽的风霜雨雪，岁月在建筑上留下无数斑驳陆离的沧桑痕迹，但它依然稳定地固扎在粤东这片古老的沃土上，犹如一艘古老的帆船，完成了族人远涉重洋的航程。

船型古堡建桥围坐落于丰顺县西北面，占地面积 15780 平方米，是明代古民居建筑群。建桥围与客家围龙屋在结构上有很大的区别，它呈长方形，从远处看像一条古帆船，故称"建桥船型围"。船型围遵循外圆内方的理论，建造椭圆廓，内围属方形，系规模较大的客家民居建筑群。围内居住张氏大家族 1300 多人，围外设置回环的池塘（西、南门外各有宽 18 米，长 30 米、40 米的池塘），东门池塘已毁，只存小壕沟，北面为小溪环绕。

建桥围有四大围门，外圆内方，各门顶均嵌有石刻和庆塑门门匾，围门四座均以青石砖作墙基材料用三合土青砖砌垒，东门"东关巩固"高 7 米，系嘉庆癸亥年一位状元所书。西门"西铭是式"高 5.8 米，由中华民国政府主席林森题字，民国二十九年（1940）旅泰华侨张鉴初捐资重修。南门"熏风自南"高 5.4 米，为生死门（结婚由此门进，丧事由此门出）。北门"众星拱北"高 5.5 米，门联"众水朝东，星辰拱北"，由新中国成立后铁道学院的一位教授题字。围外西南片挖有十八曲水坑工程，两侧都砌有石高 1.5 米的集雨区，从马仔坑上游来水注入四环池塘，此坑不会积泥沙，利用科学原理，起到水利的作用。此水坑已于平整耕地期间毁掉。

建桥围全景图

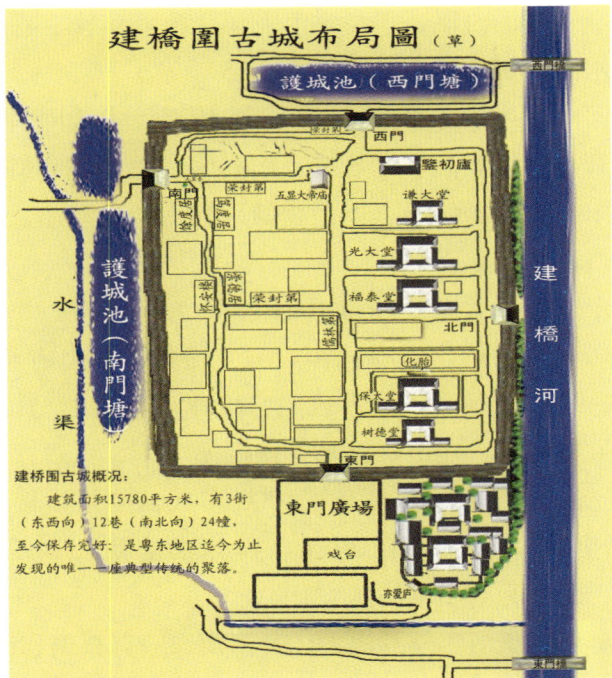

建桥围古城布局图

　　建桥围内光大堂门口，保存有嘉庆二十一年，道光三年、八年、九年石桅杆各一副。保大堂门口保存有嘉庆二十年、二十一年，道光四年石桅杆各一副。乾隆十八年、三十六年，嘉庆九年桅杆夹各一副。绕围墙建有四环的单套四合院建筑（10.6 米 × 6.6 米），呈回字方形。围内有 3 街（中直街、南直街、北直街），12 巷（横向），24 幢民居（普通建筑则为两堂两横和三堂四横），围内祠堂共 9 座，按"东壁图书府，西园翰林"九个字建祠。

　　（3）龙鲸河——粤东第一漂

　　龙鲸河是韩江的一条支流，发源于粤东第一高峰铜鼓嶂，沿河两岸叠绿拥翠，多为高大竹林，山上植被为茂密的次生林和灌木林，河流含沙量小。河床在河水长期的冲刷作用下，形成大小不同、形状怪异、玲珑亮滑的"壶穴"。在大龙华镇至黄金镇清溪河段，长 9.8 千米，落差大，有

壶穴（陈义彬　摄）

118

40 多米，这里除了有十滩三峡三潭外，还有大大小小 100 多个"壶穴"石雕群体。龙鲸河不仅风光美，水质也特别好。河水是由山泉汇聚而成的，含沙量小，水质呈中性，矿物质含量高，具有保护肌肤、疗病健身的功效。龙鲸河水清见底，两岸峡谷风光旖旎，有更幽峡、飞舟峡、冰川峡，合称龙鲸三峡，有双桥飞瀑、清溪画廊、锦乡谷、水中金山、竹影潭、地质奇观等众多景点，在正常水文条件下，河里五光十色的鹅卵石、水草、游鱼都可看得一清二楚，这在国内其他江河景区中也是不可多见的，是集激流探险、戏水玩乐、体育健身、科学考察为一体的旅游胜地。

龙鲸河险滩漂流（梅州日报社提供）

　　1999 年 5 月，龙鲸河漂流的开发填补了粤东地区漂流旅游的空白，深受旅游者的喜爱，被称为"粤东第一漂"。自驾无动力橡皮艇漂流，虽不像漂长江、黄河那样气势磅礴、惊心动魄，却能在饱览两岸秀丽风光，体验那有惊无险的漂流之中自由无羁地与大自然亲密接触的乐趣。

四　梅州山水与客家山水文化

"常常想起那山下，圆圆的土楼围龙的家……长长相依月光下，甜甜的娘酒清香的茶，客天下迎天下客，多情的山歌醉天涯，那是一幅山水画，是我心中最美的图画，那是一首田园诗，是我亲亲梦里客家……"歌曲《梦里客家》唱出了梅州浓浓的客家山水文化。

（一）山为自然魂　水集天地气

古人云：山为自然之魂，水集天地之气，山水乃天地之大成也。

山，自然之石土砌堆而成，坚强而弘毅。昂观天外而不盛气凌人，僻处深山而不畏寒寂。它厚德载物，心胸宽广，能涵纳苍天古木，亦能收容绿野芳草，与日月为伍，与江河做伴，任凭风吹雨打，历尽酷暑雪霜，镇定冷峻，顽强挺立，默默地忍受着风沙辗转的痛苦和岁月带给它的挫折，千万年来始如一焉。这份傲视风雨、千万年来不曾后悔的气魄，多少人为之神往！

水，天地之雪雨汇流而来，深邃而灵动。冷峻含蓄却能腾空飞泻，柔情静美又能滴水石穿。流动是其唯一的宿命，它日夜不息地流动，时刻畅想着对智慧的追求。它柔韧沉着，并不思忖怎样直面挡路的顽石，既能随遇而安，静处一泓春水，又能轻柔绕开，进退自如，自强不息。它博大通达，容浊纳污，任由凋零的树叶和社会的污秽随流水飘逝，却绝不应允它们在自己水面上生根发芽，同流而不合污。在水的心中，无彼无此，遇曲迎直。

大自然赋予了山水之深邃，赋予了山水之玄妙，而人类，从古至今，都从未停止对山水之思考，未停止对山水之领悟。正如古语云：智者乐水，仁者乐山；智者动，仁者静；智者乐，仁者寿。水的灵动

给人智慧，山的稳重给人敦厚。但客家人从山水之间体会、感受到的并不仅仅是它们外表的灵动、敦厚，更多的是从它们长久的积蕴、深厚的积淀中透射出的内在精神。

（二）山水两相依　人杰与地灵

一方水土养育一方人。梅州人杰地灵，民风净朴，山清水秀，具有丰富的自然和人文景观。这片崇山碧水养育了勤劳节俭、艰苦朴素、谦虚祥和、与世无争的客家人。客家人把对山的情感，对水的眷恋，转变为改造自然的决心，用自己勤劳的双手装扮着自己的家园，在"耕"景观、"种"旅游，也在山水田地间尽情享受着自然所创造的柔情万物、哺育的盛世之风、携带的花容月貌。碧水蓝天，古树婆娑、远山含黛、层林尽染、黄发垂髫，日出而作、日落而息，哪里还需要去寻找传说中的桃花源呢！

客家人是一个不畏艰辛、勇敢开创的汉族民系，这些中原人士为避战乱，不远千里携家带口从一马平川的中原一路跋涉，历经千辛万苦而至此群山环抱、碧水相接之地。他们在这里披荆斩棘，艰苦创业，开山造田，逐水而居，落地生根，兴旺繁衍下来。梅州的山，撑住了天，立住了地，培育了客家人不屈的精神。梅州的水，荡涤心灵的尘埃，昼夜不息地滋润着客家人的灵魂。追梦的路上，客家人不畏痛苦，不断地提升自己，磨砺自己，最终使自己变得坚实，变得丰盈。

有歌所言：山悠悠，水悠悠，悠悠长风载归舟，灵光三绝五峰月，绿草清溪绕围楼，家乡在梅州。梅州的山不高，却各有姿态，山间缭绕着各家各户飘出的质朴炊烟。梅州的水不深，却别有风味，水里流动着客家人浓浓的乡情。没有什么惊天动地，没有什么崇山峻岭，梅州的山水都以自己的庄严和稳重，馈赠于人们铁器农耕，环绕在人们的房前屋后，舟楫人们的往来，灌溉人们的农田，与质朴的客家人共生共存，隐忍而倔强，桀骜而不拘。这质朴的山水，默默向人们孜孜不倦地诉说着灿烂的文化和动人的故事。

日月同辉映，山水两相依。山水间聚集了灵气，山水间抒发了情怀，山水间造就了多少志士贤人。纵观历史，客家民系中不乏忧国忧民之劳者，不乏热血傲骨之雄者，不乏问鼎权势之勇者，不乏斥责媚谄之强者。他们在社会生活中遇到难以言说的东西，往往借于山水物象来比拟、来象征。他们亲近和拥抱山水，找到山水这最恰当的抒情对象，来观照自我，印证自我，发现自我，实现自我个性的张扬。这些仁人志士把社会生活中难以名状的东西转换成在胸中驰骋纵横的东西，大胆地宣泄，无情地呐喊，充满着自由精神，到达人格力量的扩充。

溪水不言，但客家人从溪水一色青绿的灵动中接受了教育。历史上，多少才华横溢、充满灵气的客家人，深居简出，言不高声，行不大步，从容悠闲，求贤若渴，不耻下问，一副谦恭散淡的外表之下奔涌着一腔热血，鼓荡着全副激情，救国济民的宏愿始终未变，报国建业的大志从来不改。"达则兼济天下，穷则独善其身"，"进则为良相，退则为良医"。

大山不语，但客家人从大山四季变换的色彩里受到启迪。客家人内敛自省，安静恬淡，儒雅大方。但客家人并非贪生怕死之辈，当民族有难，国家兴亡，总有先行者觉醒，振臂高呼，唤民众于危情，拯苍生于水火。在历次风云变幻的伟大时代，客家人总是冲锋陷阵，勇当排头兵，为中华民族谱写了一曲曲惊天动地的正气歌。清代爱国诗人、外交家黄遵宪，爱国诗人、抗日保台义士丘逢甲，中国民主革命先驱孙中山，抗日民族将领谢晋元，中华人民共和国的主要缔造者和领导者叶剑英，数不胜数，这些客家先行者如同山一样伫立在中国的历史上。四季都在变换着色彩的大山，给客家人以绝好的启迪，绝好的性格，沉稳而不失生气，执着而不失灵活，迈着坚毅的步子，在崎岖的救国、济民之路上跋涉。

客家的山郁郁葱葱，俊逸神奇；客家的水衬托着山峦风光，涵养着两岸风情。客家的山水，培植哲理情操，凝聚人文精神，孕育了众多客家仁人志士，造就了人杰地灵、人文荟萃的世界客都。梅州历代名人辈出，清代诗人、书法家、岭南第一才子宋湘，清末民初岭东著名女诗人叶璧华，现代艺术大师林风眠，中国现代言情小说的开山祖张资平，新加坡首任总理李光耀和第 3 任总理李显龙，泰国前总理他信和英拉，等等，不胜枚举。另外，据统计，作为文化之乡，梅州还孕育了叶剑英元帅，29 位两院院士，545 位将军、260 位梅州籍大学校长（书记）。梅州的人文秀气离不开客家山水的沁润与滋养。客家的山水，永远飘荡着晨岚暮雾；客家的山水，永远飘逸着人文灵智。

客家先民在艰苦坎坷的南迁中，磨炼出艰苦创业、刻苦耐劳、奋发进取、追求理想、团结拼搏、勇于开拓、坚韧不拔、爱国爱乡的客家精神。他们筚路蓝缕，以启山林，用生命开创了新的文明。这种生命的彩色，来自他们与生俱来的理想主义，所以他们才不断地往前走，攀山越岭，远渡重洋，去创造一个个人生与事业的辉煌。直到今天，这种生命的彩色，也丝毫不曾减退，在面临新的危机之际，当激发出更大的潜力。

近百年来，无数客家人远赴海外艰苦打拼，终有一番成就，也不忘建设家乡。"高高阴那山，悠悠梅江水。山歌飘过彩云追，客家的风光，好比酒一杯，梦里醉我千百回。"这首歌所唱到的，不恰恰体现了客家人对于家乡的感情吗？无论去到哪里，这份山水乡情，都如同一根根长长的细线，牵动着客家儿女这一只只高飞的风筝。又有多少游子，不远千里，足迹遍及大江南北，游览祖国壮丽河山，拜访世界名胜风景，终究还是看中了梅州，鸿雁南飞，在此驻足，在此扎根，就此回归故乡享受这怡然自得的慢生活。

（三）休闲到梅州　享受慢生活

客家的山是一眼的青翠，水是一股的清凉，乡是一片的乐居，人是一腔的热情。林花径雨香犹存，芳草留人意自闲，"山水"与"人文"是客家最美最宝贵的资源。客家民居建筑依山傍水，错落有致，山涧溪流清澈，远山含黛，层林尽染。在当今社会"天下熙熙皆为利来，天下攘攘皆为利往"的现实中，客家人却保留了一种不浮躁、不盲从、不折腾的生活情趣，毫无疑问，客家山水孕育了客家人享受慢生活的生活节奏。当前，梅州作为世界客都，山水田园秀丽，人文历史悠久，客家民居古朴，民俗风情浓郁，恰似岩中碧玉，正被人们慢慢地拂去偏远、贫困的历史尘埃，缓缓地走出尘封，绽放属于她独特的色彩和迷人的魅力。

"一路谁栽十里梅，下临溪水恰齐开。此行便是无官事，只为梅花也合来。"宋代诗人杨万里笔下的梅州，梅花飘香，落英缤纷，浪漫无比，自此成为以梅花为名的田园浪漫之城。如今，梅州因为它特殊的人文历史，进而成为世人眼里别具客家风情的梦里桃源。

近年来，梅州依托钟灵毓秀的客家山水，立足自然，倡导绿色崛起，发挥"山、水、人、文"四大优势，营造山水相依、湖光山色的优美环境，打造山水文化、做活山水经济，打造特色文化旅游，为游客建设了一个具有生态、环保与文化传承理念的旅游慢城，让梅州这个山区都市成为世界客家人的心灵港湾。

在国际所倡导的"让生活节奏慢下来"理念下，反污染、反噪音，支持都市绿化、绿色能源、文化传承、传统手工方法作业以及原生态的发展模式，给客都建设旅游慢城提供了良好的环境。2014年6月19日，梅县区雁洋镇正式加入国际慢城联盟，成为我国继南京高淳桠溪镇之后的又一个国际慢城。慢生活，不是慢发展，而是一种生活态度，一种健康的心态，一种精致品位。梅州的慢，是个性化、可持续的一种发展方式，是客家人注重提高生活质量的一种发展方式。客家人的慢生活，是淡泊宁静、顺其自然、和谐有序。

打开山门迎客来，如今梅州以其独特的客家文化及慢城理念，吸引着来自四面八方的游客，这里远离大城市的喧嚣与纷争，山水静美，留给人们的是静谧的思考空间和惬意的田园生活。走进客都，听山歌汉乐在晨晖夕霭间飞扬，看桥溪古韵在清风明月中静默，品客家山水的清秀灵动，尝客家小吃的鲜美绝味，从眼睛到味蕾，从舌尖到心田，你会陶醉在那客家山水的悠悠风情里，真心感受到山水赋予客家人的独特文化神韵和精神魅力。

世界客都，文化梅州。休闲到梅州，享受慢生活。围龙屋里梅开万古飘香，梅州人民以诚挚之心迎四方客。

参考文献

1. 丘峰、汪义生：《美丽梅州》，上海：文汇出版社 2013 年版。

2. 安国强：《梅州两千年》，北京：中国地图出版社 2010 年版。

3. 杨飞、殷玥：《慢游客都梅州》，广州：广东人民出版社 2012 年版。

4. 范英、刘权：《厚德载物：广东客家人的风骨》，广州：广东人民出版社 2005 年版。

5. 谢崇德：《历代咏梅州诗选注》，北京：中华诗词出版社 2009 年版。

6. 王铁介：《大埔风光》，广州：广东人民出版社 2008 年版。

7. 何日胜：《胜游梅州·梅县篇》，广州：广东旅游出版社 2012 年版。

8. 何日胜：《胜游梅州·梅江篇》，广州：广东旅游出版社 2013 年版。

9. 杨宏海：《客家诗文》，广州：华南理工大学出版社 2006 年版。

10. 谭元亨：《客家新探》，广州：华南理工大学出版社 2006 年版。

11. 邹晋开、邹国忠：《客家古邑山水》，广州：华南理工大学出版社 2010 年版。

12. 王军：《韩江流域调查报告》，汕头：汕头大学出版社 2007 年版。

13. 邱国锋、罗迎新：《客家旅游地理》，广州：广东人民出版社 2011 年版。

14. 罗迎新：《梅州地理》，广州：广东省地图出版社 2001 年版。

15. 何日胜：《胜游梅州·兴宁篇》，广州：广东旅游出版社2014年版。

岭南文化书系

客家山水

后 记

梅州市在广东省的东北部，地理位置优越，地处粤、闽、赣三省交会的山区地带。客家先民，原是中原一带的汉人。从西晋年间起，黄河流域及长江北岸的汉族人民，因避战乱、外患和灾荒不断南迁，经闽西、赣南来到粤东北一带，前后达1000多年，成为客家先民。客家先民面对当时的水源之争、土地之争、民族矛盾、匪患不断等社会问题以及复杂、特殊的山地丘陵与野兽侵扰的自然环境，善于处理好天时、地利与人和的关系；同时，对山水有独特的情结，处理好人地关系，尊重自然环境，合理开发利用自然资源，与自然环境融为一体，走出了一条社会经济与自然环境相和谐的可持续发展之路。

客家先民从中原南迁之时，岭南平原已无他们的安身之地，于是他们披荆斩棘，扎根于山。"逢山必有客，有客必有山"，他们生于山，长于山而后葬于山，客家人对山有着难于言说的情感。在客家人眼里，山就是他们的生活，一部淳美的生活画卷，一种独特的山水理念。客家人把对山的情感，对水的眷恋，转变为改造自然的决心，用自己勤劳的双手装扮着自己的家园，也在尽情享受着这一山一水带给他们的快乐。

远古之民逐水草而居，水是生命线。水不仅承载了客家先民那段筚路蓝缕、跋山涉水的迁徙历史，也见证了客家民系的诞生、发展，凝聚了客家人的灵性与智慧，更是客家山区中至为靓丽的点缀。

"常常想起那山下，圆圆的土楼围龙的家……长长相依月光下，甜甜的娘酒清香的茶，客天下迎天下客，多情的山歌醉天涯，那是一幅山水画，是我心中最美的图画，那是一首田园诗，是我亲亲梦里客家……"歌曲《梦里客家》唱出了梅州浓浓的客家山水文化。

梅州是国家历史文化名城、国家优秀旅游城市、"世界客都"，素有"文化之乡"、"华侨之乡"、"足球之乡"的美称。作为"世界客都"的最高学府，嘉应学院秉承"立足梅州、植根侨乡、服务山区、弘扬客家文化"的宗旨，长期致力于梅州自然社会经济、客家文化研究。为了进一步弘扬梅州客家文化，《岭南文化书系·客家文化丛书》编委会委托嘉应学院组织相关学院、研究所等单位出版 10 部梅州客家文化丛书。《客家山水》就是其中之一。

嘉应学院地理科学与旅游学院承担了《客家山水》的编写任务，成立了《客家山水》编委会，其中，罗迎新教授、邱国锋教授担任主编，李冰副教授、雷汝林博士、林培松副教授为编委。

《客家山水》在调查研究、资料收集过程中，得到了梅州市（各县、市、区）旅游局、梅州日报社、客家天下旅游产业园等单位、企业的大力支持与帮助，在此致以诚挚的谢意。本书在编著过程中借鉴了不少同行专家、学者的研究成果，在此亦表示衷心感谢！同时，亦感谢暨南大学出版社的支持。

《客家山水》的撰写工作前后历时两年，依次开展了室内资料收集、实地考察调查、文字撰写、统稿定稿四个阶段工作。罗迎新、李冰、雷汝林、林培松负责实地考察调查；同时，地理科学与旅游学院 1001 班的李达谋，1201 班的魏少彬、吴舒曼、李宇、刘智斐、陈晓旋等 6 位同学也参加了实地考察调查及资料整理工作。《客家山水》包括梅州独特的山水环境、梅州山与山文化、梅州水与水文化、梅州山水与客家山水文化四部分。其中，罗迎新、邱国锋全面负责统稿、定稿等主体工作。罗迎新撰写了梅州独特的山水环境，李冰撰写了梅州山与山文化，雷汝林撰写了梅州水与水文化，林培松撰写了梅州山水与客家山水文化，同时也负责了图片摄影及编辑工作。

由于作者水平有限，书中难免存在纰漏和不足，恳请诸位专家、同行多提批评意见，不胜感激。

编著者

2015 年 4 月于嘉应学院

岭南文化书系

客家山水